Erlebnis Kochen

Ursula Heinzelmann

Erlebnis Kochen

Manifest für eine Küche ohne Rezepte

Scherz

Fotos von Ursula Heinzelmann

www.fischerverlage.de

Erschienen bei Scherz,
ein Verlag der S. Fischer Verlag GmbH,
Frankfurt am Main 2007
Gesamtherstellung: Ebner & Spiegel, Ulm
Printed in Germany

ISBN 978-3-502-15087-9

Inhalt

Ein Kochtopf hilft, denken auch – UTENSILIEN *und* METHODEN

Wie es zu diesem Buch kam

Es war ein ziemlich langer Arbeitstag. Schreiberei, Telefonate, E-Mails … doch jetzt spielt Bill Evans für uns, die Kerzen in unserer rot gestrichenen Wohnküche brennen, und mein Mann steht am Spülbecken und putzt Salat. Ich mache den Kühlschrank auf, um die Paprika herauszuholen, die die Blätter in gegrillter Form bereichern sollen. Als ich die Gemüseschublade aufziehe, blicken mich dort jedoch ziemlich vorwurfsvoll eine halbe Lauchstange, eine halbe Zwiebel, ein Drittel Sellerieknolle sowie eine halbe Jalapeño-Chilischote an. Alle sind fein säuberlich in Frischhaltefolie eingewickelt und stellen die Überreste meiner gestrigen Rezepte-Testaktion dar. Genau 350 Gramm Lauch waren gefordert für die Lauch-Kartoffel-Selleriesuppe – nicht zwei und nicht drei, sondern eben zweieinhalb Stangen. Bei den anderen Zutaten dasselbe Theater! Normalerweise hätte ich die Angaben großzügig ausgelegt. Doch in diesem Fall mussten die Rezepturen hieb- und stichfest sein, weil eine Freundin in die Fertigsuppenproduktion einsteigen will und wir zusammen die erste „Kollektion" entwickeln. Was fange ich jetzt nur mit diesem Sammelsurium an?

„Die Paprika gibt es morgen", sage ich schließlich. „Und heute?", fragt mein Mann. „Gebratenen Sellerie und dazu Lauchstreifen mit Jalapeño und der halben Zwiebel." Als ich alles klein geschnitten habe, sieht es doch ein bisschen wenig aus, und ich bereichere das Ganze noch um ein paar Streifen durchwachsenen Speck, Teil meiner Kühlschrank-Grundausstattung, und eine Handvoll Basilikum, weil das auf dem Balkon gerade richtig wuchert. Während ich den Sellerie langsam in Butter brate und mein Mann uns ein Glas Wein einschenkt, denke ich an die gestrige Suppenkocherei. Ich muss solche Versuchsküchenaktionen öfter machen, finde das ganze Abwiegen und -messen aber immer ziemlich lästig. Wie viel entspannter ist es, sich einfach an dem Vorhandenen zu orientieren beziehungsweise die Mengen per Augenmaß und Handgewicht zu bestimmen und meinen eigenen Weg zu suchen und zu finden. Vom Endergebnis auf dem Teller habe ich dabei meistens eine ungefähre Vorstellung, die sich aber während des Entstehungsprozesses durchaus ändern kann.

Ich koche seit frühester Kindheit ausgesprochen gern. Um ehrlich zu sein, hat das vor allem egoistische Gründe: Ich esse mindestens genauso gern, wie ich koche – und das naturbedingt noch länger. Wenn ich mich jetzt außerdem dazu bekenne, Bücher geradezu zu verschlingen, seitdem ich aus den Hieroglyphen Geschichten entziffern kann, ist klar: In meinen Regalen stehen reihenweise Kochbücher. Wie oft ich heute jedoch tatsächlich nach den Rezepten in diesen Büchern koche, ist eine ganz andere Sache: nämlich seltenst, und schon gar nicht, wenn es um die tägliche Ernährung geht. Meine Lieblingskochbücher – die, die ich wirklich lese – sind solche mit Geschichten rund um Autor und Küche, seien es nun die knallroten Wagenbach-Bändchen von Alice Vollenweider oder die autobiographisch-kulinarischen Werke der Amerikanerin M.F.K. Fisher. Sie erzählen so viel mehr übers Kochen als die ganzen Rezeptsammlungen.

Sicher, Rezepte können Anregungen sein. Befolgt man sie jedoch sklavisch, dann werden sie zur Diktatur. Wenn ich zurückblicke, habe ich lange gebraucht, um mich von ihr zu befreien. Es war ein allmählicher Wandel, und er ist mir erst so richtig bewusst geworden, als ich neulich auf ein Interview mit der elsässischen Konfitürenspezialistin Christine Ferber gestoßen bin. Sie erzählte darin, wie sie für Gäste ein Omelett mit Heidelbeermarmelade und Pfeffer gemacht habe und daraufhin gefragt worden sei: Wieso Pfeffer? Ihre Antwort lautete: „Weil er da gestanden hat." Die Journalistin wandte ein, dass dieses freie Kochen für Nicht-Spezialisten doch vielleicht zu riskant sei, worauf Ferber entgegnete: „Ob Sie eine Marmelade zu flüssig machen oder zuviel Minze drin ist, Sie finden immer jemanden, der sagt: Oh, das ist gut! Und Sie finden immer jemanden, der sagt: Mir passt das nicht."

Auch wenn uns das manche gerne einreden möchten, ist Kochen keine exakte Wissenschaft, sondern eher eine Art praktischen Wissens, an dem Körper und Geist, Gefühl und Verstand beteiligt sind. Dabei gibt es weder allgemein gültige Gesetze noch absolutes Richtig oder Falsch. Je mehr und öfter man dieses Wissen praktisch anwendet und trainiert, desto beweglicher wird man, desto sicherer fühlt man sich. Dazu passt etwas, das ich kurze Zeit später in einem anderen Interview gelesen habe, mit dem Sportler und Mediziner Thomas Wessinghage: „Ein technisches System wie ein Auto und ein biologisches System wie der Mensch funktionieren eben nicht auf identische Weise. Der menschliche Organismus hat die Regenerationsfähigkeit aus sich selbst heraus, aber nur, wenn wir ihn belasten. Wenn er nicht gefordert wird, verkümmert er." Wenn wir beim Kochen nicht selber denken, sondern sklavisch Rezepte befolgen, dann verkümmern die Sinne, das Wissen, die Phantasie, die wir dazu brauchen.

Bevor es jetzt zu Missverständnissen kommt und Tonnen von Büchern mit Rezepten im Altpapier landen – die Dinger haben durchaus ihren Wert! Man muss sie nur ein wenig anders nutzen, nämlich als Inspirationsquelle, als einen Fundus an Ideen, auf dessen Grundlage sich eigene entwickeln lassen. „Wie weit bist du?", unterbricht mich mein Mann. „Ich habe Hunger!" Über all dem Nachdenken übers Kochen habe ich beinahe das Gemüse in der Pfanne vergessen. Ich verteile den Sellerie und packe darauf die paar Löffel Lauch-Speck-Jalapeño. Alles passt erstaunlich gut zusammen, hat eine schöne Würze, ohne richtig scharf zu sein. Ob man nun an Zufälle glaubt oder nicht, diese „Reste" haben mich genau im richtigen Moment angestarrt. Ich stoße mit meinem Mann an und blicke gedankenverloren auf die Kochbücher in den Regalen hinter ihm.

„Ist es nicht paradox, dass Rezepte um so nützlicher sind, je mehr man gewohnt ist, ohne sie zu kochen? Dann hängt man nicht dauernd mit der Nase im Buch und hält nicht jede Gramm-Angabe fürs kulinarische Evangelium." Ich habe eigentlich nur laut gedacht, aber als Schriftstellerpaar haben wir ein gegenseitiges Gespür für solche geistigen Sprünge entwickelt. „Aber ein paar Grundsätze braucht man trotzdem, oder?", spinnt mein Mann denn auch prompt weiter an meinem Gedankenfaden. Und so ist dieses Manifest für eine Küche ohne Rezepte entstanden.

65p each
6 for £350

Freies Kochen für alle – wider die Rezeptgläubigkeit!

Rezepte können Ideen, Anregungen, Inspiration sein – aber ihre sklavische Befolgung finde ich anstrengend und irgendwie realitätsfremd. Das fängt schon bei den Zutaten an. Zum Beispiel Linsensuppe mit asiatischem Touch – klingt gut, aber: Im Rezept steht frischer Ingwer, während in meinem Kühlschrank vom Thai-Curry gestern Abend noch frischer Galgant liegt. Das Rezept verlangt nach roten Linsen, in meinem Vorrat stoße ich auf die schwarze „Kaviar"-Variante. Und nun? Rausrennen, Ingwer und rote Linsen kaufen – mit dem Nebeneffekt, dass mich nachher zwei angefangene Tüten Linsen und zwei übrige Stücke scharfe Wurzel vorwurfsvoll angucken?

Nein, dafür bin ich zu bequem, und das Ansammeln von Überbleibseln geht mir sowieso gegen den Strich. Die Idee Linsensuppe mit asiatischem Touch ist gut, aber ich werde sie mit dem realisieren, was ich in meinen Vorräten finde: eine Zwiebel, eine Knoblauchzehe, eine Möhre, da ist noch eine scharfe rote Chilischote, dazu vielleicht ein Hauch Currypulver, aber eigentlich noch lieber Koriander- und Kreuzkümmelsamen, alles in Öl oder Butter angeschwitzt, mit Wasser aufgefüllt, den feingehackten Galgant und schließlich die gewaschenen Linsen dazu. Wenn die weich sind, dann vielleicht kurz den Zauberstab hinein, ich mag es, wenn Suppen zwar gebunden sind, aber doch gleichzeitig noch Biss haben. Probieren – Salz fehlt auf alle Fälle – vielleicht ein paar Tropfen Säure, Zitrone, Limette oder Balsamico-Essig, das hilft jeder Suppe auf die Geschmackssprünge. Und nun sieht das Endergebnis zwar nicht rot aus („rote" Linsen sind sowieso eher gelborange), aber es ging ziemlich schnell, weil ich weder erst einkaufen noch ständig ins Rezept gucken musste, hat viel vom Vorhandenen verwertet – und schmeckt!

Viele werden jetzt protestieren, sie könnten so auf gar keinen Fall irgendetwas Essbares zu Stande bringen, seien ganz hilflos ohne Rezept. Doch ich verspreche, diese Ängste vor dem Kochen ohne Rezept-„Krücke" sind unbegründet. Kochen ist wie Fahrrad fahren: Man muss es nur einmal gesehen haben, sich dann trauen, schließlich ein bisschen üben – und verlernt es nie mehr. Ganz im Gegenteil, bildlich gesprochen gibt es irgendwo im menschlichen Hirn eine Ecke, die fürs „freie" Kochen zuständig ist, und je mehr sie trainiert wird, desto effektiver arbeitet sie, ansonsten verkümmert sie. Vielleicht erweist sich der eine als talentierter als der andere, doch je öfter ich mich aufs Fahrrad setze, desto ungezwungener bewege ich mich damit. Zugegeben, das erste Mal, das Sich-Trauen, verlangt ein wenig Mut, man braucht jemanden, der einen mit Schwung anschiebt und „treten!!!" hinterherschreit, und vielleicht fällt man am Anfang auch mal vom Sattel – aber dann eröffnet sich eine neue Welt, in der Entfernungen plötzlich schrumpfen und deshalb ungeahnte Erfahrungen möglich werden.

Kochen ist wie Fahrrad fahren: Man muss es nur einmal gesehen haben, sich dann trauen, schließlich ein bisschen üben – und verlernt es nie mehr.

Spätestens jetzt ist klar: In diesem Buch gibt es keine Rezepte und fest vorgeschriebenen Wege, hier wird ganz im Gegenteil angeschubst und Mut gemacht – „kochen!!!" Kochen ist keine exakte Wissenschaft mit einem einzig möglichen, „korrekten" Ergebnis, sondern genauso „Freestyle", wie eine Jazzmelodie sich in unzähligen Versionen spielen lässt. Zitat des schottischen Psychiaters und Philosophen R.D. Laing: „Die Landkarte ist nicht das Land selbst, das Menü nicht die Mahlzeit" – und das Rezept nicht das Essen auf dem Teller, möchte man hinzufügen.

Kochen ist keine exakte Wissenschaft mit einem einzig möglichen, „korrekten" Ergebnis, sondern genauso „Freestyle", wie eine Jazzmelodie sich in unzähligen Versionen spielen lässt.

So viele variable Faktoren kommen zusammen, wenn gekocht wird: Zutaten, technische Hilfsmittel, Geschmack, Laune, Wetter . . . Nicht nur rote oder schwarze Linsen, sondern Tomate, die keinesfalls immer gleich

Tomate ist (obwohl die Lebensmittelindustrie schwer dran arbeitet – aber das ist ein anderes Thema!). Milch, die quasi fettarm-neutral bis richtig sahnig schmecken kann. Jeder Herd heizt anders auf, jede Pfanne verteilt die Hitze unterschiedlich. Ich liebe es chilischarf, meine Mutter reagiert empfindlich auf das Zeug und hat es nicht mal im Haus. Ich mag gern Salate aus nur grob zerteilten Einzelbestandteilen, meine Großmutter hat stets ihren ganzen Ehrgeiz in das feinstmögliche Schneiden aller Zutaten gelegt. Mein Freundin Gemma liebt sahnige Suppen, ich toleriere das Kremige nur als letzten Geschmackstupfer. Außerdem weiß ich, dass mir, wenn ich schlecht drauf bin, auch das beste Rezept nichts hilft, sondern nur etwas vollkommen Unkompliziertes mit schnellem, nervenaufbauendem, seelestreichelndem Ergebnis – ob nun eine heiße Schokolade mit vollfetter Milch und dem bestmöglichen Kakao oder eine Tomatensuppe mit San-Marzano-Pelati, getoastetem Brot und einem guten Schuss Spitzen-Olivenöl darauf. Das Wetter: Es kocht sich entspannter, wenn es regnet, ein Schmorbraten macht mehr Spaß, wenn es draußen kalt ist, und Rhabarber- und Zitronensaures schmeckt am besten, wenn die Sonne schon deutlich wärmt.

Ja, aber – so ganz ohne Rezept? JA!! Kochen!!! Braucht man etwa zum Fahrradfahren umfangreiche Anleitungen, für jeden Trip eine neue? Runter also mit dem Kochen vom Expertensockel – die Profis kochen übrigens auch nicht nach Rezept – Kochen für alle! Damit es leichter geht, zeige ich in diesem Buch, wie ich selbst Rad fahre, und erkläre grundlegende Zusammenhänge: Man muss treten und Schwung haben, um nicht umzufallen. Auf diesem Wege ist es möglich, die normale Intelligenz und den gesunden Menschenverstand auf die rezeptbefreite Zone Küche anzuwenden: Man muss den Lenker nach rechts oder links bewegen, um die Richtung zu wechseln, braucht aber nicht für jedes Abbiegen einen neuen Plan. Wenn ich mir den „Aufbau“ einer Salatsauce, eines Risottos oder eines Schmorgerichts einmal klar gemacht habe, dann kann ich immer mehr Neues ausprobieren.

Runter also mit dem Kochen vom Expertensockel – die Profis kochen übrigens auch nicht nach Rezept – Kochen für alle!

Dann eröffnet sich eine Vielfalt von Variationen, bei denen ich mich im Gegensatz zu einem vorbestimmten Rezept ganz auf die Eigenarten der mir zur Verfügung stehenden Zutaten und Utensilien konzentrieren kann.

Die genaue Abmesserei von 300 Gramm dies und drei gestrichenen Esslöffeln das (sind Esslöffel genormt?) ist nicht nur zeitraubend – sie ist beim Kochen nicht entscheidend für das Gelingen des Endergebnisses. Das Wort „Rezept" stammt ursprünglich aus der Welt der Apotheker, deren Anweisung vom Arzt mit der Aufforderung „recipe" begann: „nimm", „verwende", also einer Liste von Zutaten für ein Medikament. Wie dann mit diesen zu verfahren war, blieb ihnen selbst überlassen. Und so waren auch Küchenrezepte ganz am Anfang nur Auflistungen von verwendeten Zutaten für die Abrechnung in Haushaltsbüchern und Gedächtnisstütze – auf die Gegenwart übertragen etwa: „für Erik und Cathrin am Samstag 7. Mai Püreesuppe von Mairüben und Estragon mit einem Schlag Sahne – hervorragend". Dabei war klar, dass zuerst ein paar Zwiebeln in Butter angeschwitzt worden waren, vielleicht ein wenig Mehl darüber gestäubt für die Bindung, dann die Rübchen dazu, Brühe oder Wasser, weich kochen, pürieren, abschmecken, der gehackte Estragon und eben etwas Sahne. Denn nach diesem Grundprinzip lässt sich aus beinahe jedem Gemüse eine Suppe kochen, ohne dass man jedes Mal eine spezifische Anleitung bräuchte. Mengen und Verhältnisse lernt man dabei schnell einzuschätzen – zehn Zwiebeln sind zuviel für eine Suppe aus drei Rübchen, beziehungsweise das Ergebnis wird eher eine Zwiebelsuppe sein. Ob man aber eine oder zwei Zwiebeln für zehn Rübchen anschwitzt, ist Geschmackssache – und der sicherste Wegweiser ist der eigene Geschmack.

Die genaue Abmesserei ist beim Kochen nicht entscheidend für das Gelingen des Endergebnisses.

Der sicherste Wegweiser ist der eigene Geschmack.

In der zweiten Hälfte des 19. Jahrhunderts wurden die Kochbücher immer mehr zu Rezeptsammlungen von immer größerer Exaktheit. Dahinter steckte auch das Bestreben, den Frauen in der Küche zu mehr Ansehen zu verhelfen, ihrer Tätigkeit am Herd Seriosität und Gewicht zu verleihen. Es gab Kochschulen, in denen die Frauen in laborähnlichen weißen Gewändern „studierten" – das war alles wunderbar, hatte aber eine entscheidende Kehrseite. Denn immer größere Exaktheit erhöht auch die Angst vor dem Scheitern, weil es nur einen möglichen Weg zur richtigen Lösung zu geben scheint. Der eigene Geist wird zwar nicht abgeschaltet, ist aber ganz auf diesen einen Weg fixiert, statt das gesamte Feld der Möglichkeiten zu überblicken. Angst erhöht den Stress-Level, erzeugt Verkrampfung und Unselbständigkeit, und das ist die schlechteste Voraussetzung für Erfolg und Spaß in der Küche – egal ob jeden Tag oder nur am Wochenende.

Immer größere Exaktheit erhöht auch die Angst vor dem Scheitern, weil es nur einen möglichen Weg zur richtigen Lösung zu geben scheint.

Dieses Buch zeigt, wie man sich mit einem Minimum an Grundzutaten und Ideen, also an innerer und äußerer „Ausrüstung", beim Kochen auf die eigenen Sinne und Ideen verlassen kann, statt nach fertigen Vorstellungen einzukaufen, um das Duplikat der Idee eines anderen herzustellen. Wer ist nie spontan vor einem Gemüsestand stehen geblieben, nur um dann seinen Kaufgelüsten doch nicht nachzugeben, weil nichts „geplant" war? „Erlebnis Kochen" erfordert keine chromblitzende Hightech-Küche, und man braucht auch nicht alle Zubereitungsarten zu beherrschen. Hier geht es um die alltägliche Wirklichkeit des häuslichen Essens und nicht um die Restaurantküche der Profis!

Es ist viel anregender, dem, was da in Pfanne und Topf geschieht, zuzuschauen, zuzuhören, es bewusst zu riechen, zu betasten und zu kosten, als dauernd aufs gedruckte Rezept zu starren. Je mehr man vor und während des Kochens probiert, desto weniger negative Überraschungen wird man erleben: Wenn man die getrockneten Tomaten oder die Oliven, die ins Kaninchenragout sollen, vorher kostet, ist man vielleicht vorsichtiger mit der Dosierung.

Man muss sich nur einmal trauen, dann gewinnt man schnell an Schwung und Selbstvertrauen. Man hat eine Idee oder sucht sich eine, die die Gegebenheiten wie Zutaten und technische Möglichkeiten in Betracht zieht, lässt dann aber Raum für spontane Entscheidungen. Dieses rezeptbefreite, selbstbestimmte Kochen ist Leben und Erlebnis. Ich liefere hier nicht nur hoffentlich vergnügliche Lektüre, sondern mit reichlich Beispielen, Ratschlägen und Ermutigung auch die Anleitung für mehr Vergnügen in der Küche – jenseits von Experten und Theorie, je öfter, desto einfacher und besser.

Dieses rezeptbefreite, selbstbestimmte Kochen ist Leben und Erlebnis.

Vorne anfangen: mit den ZUTATEN

Bio-Produkte
aus Brandenburg
demeter
demeter

Entspannt einkaufen – nach Jahreszeiten, Möglichkeiten, Lust und Laune

Die meisten von uns könnten von dem, was sich in Kühlschrank, Tiefkühler und Vorratsschubladen verbirgt, wahrscheinlich eine ganze Woche lang gut und abwechslungsreich leben. Trotzdem bedeutet Kochen oft zuerst einmal Einkaufen – und da geht für viele der Stress schon los. Lästig, zeitraubend sei der wöchentliche Großeinkauf am Wochenende, sagen sie. Warum es dann nicht ändern? Stress findet nur im eigenen Kopf statt! Mein Mann und ich ernten immer wieder überraschte Blicke, wenn wir erzählen, dass es diesen wöchentlichen „Großeinkauf" bei uns einfach nicht gibt, weil wir das, was fehlt, bei Bedarf und Gelegenheit mitbringen. Auch das Klopapier, wird dann ungläubig nachgehakt? Auch das Klopapier. Okay, wir sind nur zu zweit und wohnen zentral, in anderen Fällen mag es sinnvoll sein, gelegentlich eine größere Menge solcher langweiligen Haushalts-Basics heranzuschaffen – aber was Küche und Kochen betrifft, da lässt sich die Vorstufe doch wesentlich vergnüglicher gestalten! Bereits beim Einkaufen sorgt die innere Befreiung von der Rezeptdiktatur für Entspannung.

Bereits beim Einkaufen sorgt die innere Befreiung von der Rezeptdiktatur für Entspannung.

Statt mit einer langen Liste gehetzt von einem Laden zum nächsten zu rennen, kann man so nach dem Ausschau halten, was einen gerade besonders anmacht und anlacht. Wer jetzt einwendet, er wisse dann doch aber gar nicht, wie viel Gramm von diesem und wie viel Pfund von jenem er kaufen solle – das Augenmaß ist wesentlich verlässlicher und stressfreier. Unsere Augen wissen nämlich eigentlich ganz gut, wie viele Tomaten eine Salatportion abgeben, wie groß das Stück Käse und wie dick das Steak sein sollte: einfach im Laden das Messer ranhalten lassen oder beim Eintüten Stop sagen statt pseudowissenschaftlich exakter Grammangaben!

Damit wiederum keine Missverständnisse aufkommen: Ein Einkaufszettel ist keine schlechte Sache, besonders wenn man schon eine bestimmte Idee hat, was in Topf und Pfanne beziehungsweise in der Folge auf den Teller kommen könnte. Sagen wir es so – ein Einkaufszettel ist ein guter erster Einstieg, der aber zum Stressfaktor werden kann, wenn man in der Folge auf das einmal Skizzierte übermäßig fixiert ist. Wenn es unbedingt Erdbeeren sein müssen, weil man da dieses Foto aus der Zeitschrift im Kopf hat, deswegen durch sieben Läden rennt und schließlich frustriert angematschte oder noch halbgrüne Beeren kauft, während man die tollen, vollreifen und duftenden Mangos aus Indien gar nicht zur Kenntnis nimmt. Wenn man mit angetrockneten Spargelstangen nach Hause geht, obgleich die ersten zarten Kohlrabiknollen mit wunderbar aromatischem Blattwerk unmittelbar daneben lagen. Thunfisch fragwürdiger Qualität und Frische teuer bezahlt, ohne den beinahe noch zappelnden Zander überhaupt nur in Erwägung zu ziehen – und bei alldem latent unzufrieden ist, weil man eigentlich genau weiß, dass der Inhalt der Tragetaschen nicht zum großen kulinarischen Erlebnis verhelfen kann und wird.

Ein Einkaufszettel ist ein guter erster Einstieg, der aber zum Stressfaktor werden kann, wenn man in der Folge auf das einmal Skizzierte übermäßig fixiert ist.

Der Altmeister der französischen Kochkunst unserer Zeit, Paul Bocuse, hat einen Begriff geprägt, bei dem er zwar die Welt der Restaurants im Kopf hatte, der aber auch für die Alltagsküche Gültigkeit hat: „la Cuisine du Marché". Mit dieser „Küche des Marktes" meint er: Lass das Angebot über den Inhalt deiner Töpfe entscheiden. Meine Freundin Susan, die an der Universität in Tel Aviv als Food Historikerin arbeitet, hat mir erzählt, sie koche meist nur zum Wochenende „so richtig", also zum Sabbat. Dafür kaufe sie grundsätzlich am Donnerstag zuerst Fleisch, bevorzugt Huhn, und gehe dann zum Supermarkt, um die Grundvorräte aufzufüllen. Das Wichtigste aber sei der Besuch des Marktes am Freitagmorgen, dort kaufe sie, was an Obst und Gemüse gut und günstig sei, um schließlich zu Hause zu entscheiden, was sie daraus koche. Jäger

Lass das Angebot über den Inhalt deiner Töpfe entscheiden.

und Sammler der Gegenwart – wenn man morgens in den Wald geht, kann man zwar auf ein junges Wildschwein hoffen, aber vielleicht wird daraus auch ein Reh.

Vorne anzufangen ist viel einfacher, als ein sprichwörtliches Pferd von hinten aufzuzäumen. In der Küche heißt das, die Zutaten sind wichtiger als eine fixe Idee vom Endergebnis, und die besten Zutaten sind die, die mir spontan entgegenleuchten und -duften. Wenn mir beim Einkaufen bereits förmlich das Wasser im Mund zusammenläuft, dann ist das die beste Voraussetzung für gute Stimmung und Gelingen in der Küche. Neben den „good vibrations" kommt es aber auch meinem Hang zur Bequemlichkeit entgegen: Je mehr Eigengeschmack Erdbeeren, Kohlrabi oder Zander haben, desto weniger muss ich damit tun! Mit viel Doping von Zucker über Balsamessig bis Zitrone lassen sich die halbgrünen Beeren als dekorative Beilage zu einem Eis oder einer Mousse wahrscheinlich letztendlich in präsentable Form bringen – auch mit einem klapprigen Fahrrad kann man irgendwie fahren. Sind sie aber duftend und vollreif, dann braucht es allerhöchstens einen Klacks Schlagsahne für den perfekten Dessertgenuss.

Je mehr Eigengeschmack Erdbeeren, Kohlrabi oder Zander haben, desto weniger muss ich damit tun!

Spätestens an diesem Punkt wird klar, dass es durchaus von Vorteil ist, sich zumindest ansatzweise mit dem Begriff Qualität auseinanderzusetzen – was sind gute Zutaten? Bedeutet gut zwangsläufig teuer? Keinesfalls, denn Qualität bezeichnet eigentlich die bestimmten Eigenschaften einer bestimmten Ware, und als gute Qualität empfinde ich die Eigenschaften, die meinen Erwartungen entsprechen oder sie gar übertreffen. Wenn ich also kein duftendes Dessert im Sinn habe, sondern für einen Salat auf der Suche nach einem leicht säuerlichen Farbakzent bin, der sich einige Tage im Kühlschrank hält, dann bin ich mit den kaum ausgereiften spanischen Knackbeeren nicht unbedingt schlecht bedient (unter welchen Bedingungen sie angebaut werden, ist ein ganz anderes Kapitel, das weit über das Thema freies Kochen hinausgeht und zu dem man am besten den Film „We feed the World" von Erwin Wagenhofer anschaut).

Je realistischer meine Erwartungen sind, desto genauer kann ich auf das reagieren, was ich mir in die Küche hole – aromatische Tomaten, die einfach nur aufgeschnitten und mit ein bisschen Olivenöl und Meersalz eine tolle Vorspeise ergeben, im tiefsten Winter zu erwarten, ist schlichtweg Blödsinn und führt nur zu Frust. Rote Beete, auf Salz im Ofen gebacken und mit frischem Meerrettich und einer Vinaigrette serviert, sind da schon realistischer.

Das, was jetzt in meiner Gegend wächst, besitzt tendenziell das größte Genusspotenzial.

Ein entscheidendes Stichwort sind also Jahreszeiten: Das, was jetzt in meiner Gegend wächst, besitzt tendenziell das größte Genusspotenzial. Es braucht keine langen Transportwege, kann deswegen vollreif geerntet werden und ist ohne großen technischen Aufwand noch frisch, wenn es auf meinem Küchentisch landet. Um realistisch zu bleiben, sind dazu allerdings zwei Anmerkungen fällig.

Erstens bekommt man infolge von Industrialisierung und Globalisierung vor allem in der Großstadt häufig gar nicht richtig mit, was gerade Saison hat – doch dem lässt sich auf theoretische und praktische Weise abhelfen. Es gibt tolle Bücher zur so genannten Warenkunde von Obst, Gemüse, Fisch und Fleisch. Neben einem Gefühl für die kulinarischen Jahreszeiten ist es zum Beispiel auch interessant zu wissen, welche Obst- und Gemüsearten zu Hause nachreifen und welche nicht. Bananen, Tomaten, Avocados, Äpfel, Birnen, Mangos, Kiwis etwa können ruhig noch ein bisschen fest sein, während alle Arten von Beeren, Kirschen, Pfirsiche oder auch Aprikosen beim Kauf reif und saftig sein müssen, oder ich kann mir das Geld sparen!

Was die Jahreszeiten betrifft, lohnt es sich, einen Wochenmarkt oder einen Hofladen in die Einkaufsroutine einzubauen. Nicht alles auf einem Markt Angebotene ist zwangsläufig von Direktanbietern oder besser als im Supermarkt, aber wenn man sich auf die regionalen Stände konzentriert, ist man der kulinarischen Wirklichkeit schon ein ganzes Stück nähergekommen. Mir gefällt auch die Abo-Kiste, bei der man regelmäßig ein wechselndes Sortiment an Gemüse von einem Hof geliefert bekommt. Außerdem ist ein engagierter Obst- und Gemüsehändler eine hervorragende Quelle, um an mehr Informationen über das Gebotene zu gelangen: Wo kommt das her? Was würden Sie damit machen? Schmecken diese runden Tomaten anders als die länglichen? Ist die Melone reif genug für heute Abend? Den Status Stammkunde lohnt es sich zu erarbeiten, um ehrliche Antworten und gute Ware zu bekommen. Dann darf ich Tomaten oder Erdbeeren auch mal anfassen, beschnuppern oder probieren und brauche mich nicht nur auf die Optik zu verlassen. Denn nicht jeder schöne Mensch ist zwangsläufig besonders clever oder witzig, und manche Aubergine oder Paprikaschote mit ein paar Dellen und Runzeln schmeckt besser als ein optisch perfektes Exemplar. Wenn etwas überhaupt keinen Duft hat, ist das meistens ein schlechtes Zeichen; als sähe ich etwas nur auf dem Bildschirm. Ich will die echte Ware und keine Comic-Version davon!

Den Status Stammkunde lohnt es sich zu erarbeiten, um ehrliche Antworten und gute Ware zu bekommen.

Zweitens sind wir zwar moderne Jäger und Sammler, leben aber natürlich nicht mehr in der Steinzeit: So unrealistisch eine duftende, saftige Erdbeere aus Spanien ist – weil sie eben von der Natur als nicht nachreifende Weichfrucht konzipiert ist – so phantastisch kann eine aus Indien eingeflogene Alphonso-Mango schmecken. Natürlich kommt nicht alles, was ich koche und esse, aus der unmittelbaren Umgebung Berlins, wo ich wohne. Das wäre besonders im Winter eine eher freudlose Angelegenheit. Asia-Läden sind zum Beispiel eine Fundgrube für Ungewöhnliches, aber nicht unbedingt die ökologischste Einkaufsquelle. Jeder muss selbst entscheiden, welche Transportstrecken sinnvoll und zu verantworten sind – genau das tun wir täglich beim Einkaufen.

Ebenso wie jeder selbst entscheidet, wie viel Geld ihm oder ihr etwas wert ist. Das relativiert den Begriff teuer: Wenn ich von meinem Olivenöl einen ausgeprägten, fruchtbetonten Geschmack erwarte, sodass bereits wenige Tropfen für viel Aroma sorgen, dann kann die „teure“ Flasche im Endeffekt günstiger sein als das auf den ersten Blick „billigere“ Öl. Ein kleineres Stück Fleisch in Spitzenqualität finde ich um Längen befriedigender als ein landläufiges Riesenschnitzel zum gleichen Preis.

Mir fällt auf, dass die Lebensmittel, die mir schmecken und mich am Herd inspirieren, häufig aus biologischer, ökologischer oder biodynamischer Produktion stammen. Daraus braucht man weder philosophisch-ideologische Ansätze abzuleiten, noch vertrete ich deshalb den Umkehrschluss, dass ein Bio-Apfel immer besser schmeckt als ein konventioneller. Mir ist es aber grundsätzlich sympathisch, wenn mein Joghurt ohne Zusätze, Aromen, Dickungsmittel und Süßstoffe auskommt, also auch hier Wirklichkeit statt Virtual Reality herrscht. Mit wirklichen „Lebens"mitteln kocht es sich besser und leichter, finde ich, sie bringen von vorneherein mehr Charakter mit ins Spiel.

Wirklichkeit statt Virtual Reality. Mit wirklichen „Lebens"mitteln kocht es sich besser und leichter.

Aber keine Angst – auch aus durchschnittlichen Supermarktkandidaten lässt sich viel machen, solange man nicht Unmögliches von ihnen erwartet. Ein Rennrad ist mit viel Gepäck nicht sonderlich bequem und auch nicht für holprige Feldwege geeignet. Um Fisch nur mit Zitrone, Olivenöl, Salz, Pfeffer und ein paar Kräutern roh mariniert als Carpaccio zu servieren, muss er einfach superfrisch sein, das heißt richtig appetitlich duften, sich fest anfühlen und auf keinen Fall auch nur im Ansatz schmierig wirken. Wenn ich also heute Abend Lust auf Fisch habe, es aber nur zur Lebensmittelabteilung des Kaufhauses um die Ecke schaffe, wo das Angebot okay, aber keinesfalls auf Carpaccio-Niveau ist, dann werde ich das Stück Rotbarsch, Steinbeißer oder was auch immer am besten aussieht, vielleicht in einer Tomatensauce garen und ein paar Salbei- oder Petersilienblätter dazu fritieren. Genauso beim Fleisch: rosa gebratene Kalbsleber oder Lammnieren gibt es in meiner Küche nur, wenn ich bei einer vertrauenswürdigen, erprobten Quelle auf guten Stoff stoße. Der Vergnüglichkeitsfaktor langsam und lange geschmorter Lammhaxen hängt zwar auch von der Rasse und Aufzucht des Tieres und seiner „Fleischwerdung" ab, lässt sich aber doch wesentlich stärker durch Methode, weitere Zutaten und

Gewürze beeinflussen. Eine besonders aromatische luftgetrocknete Salami gibt mit ein paar Oliven eine wunderbare Vorspeise ab, zum auf den Punkt gereiften Rohmilch-Camembert brauche ich nur noch einen Korb gutes Brot zu stellen, und das Dessert erübrigt sich. Eine anständige, aber nicht atemberaubende Fleischwurst verarbeite ich hingegen lieber zu Salat, so wie ein Normalo-Käse auf dem Pausenbrot mit einer Scheibe Tomate besser aufgehoben ist.

Besonders wenn man einen gewissen Grundvorrat an „Hilfsmitteln" zu Hause hat – Haltbares, Gewürze etc. zum Aufpeppen und Variieren, von denen im nächsten Kapitel die Rede sein wird –, lässt sich das Einkaufen in der „freien" Küche ganz entspannt und spontan angehen. Allerdings möchte und kann auch der selbstbestimmte Koch nicht unbedingt jeden Tag einkaufen, muss aber natürlich jeden Tag essen. Doch dafür gibt es ja Kühlschrank, Tiefkühler und ein paar Erfahrungswerte! Spitzenfischfilet sollte sofort auf den Teller kommen, Salat aber lässt sich ebenso wie frische Kräuter in einer Plastiktüte mit ein paar Tropfen Wasser ein paar Tage im Gemüsefach aufheben. Käse hält sich nicht nur, er reift sogar weiter, wenn man ihn in Wachspapier einwickelt und in einer Papiertüte in den Kühlschrank packt, so trocknet er nicht aus, kann aber atmen. Frischhaltefolie ist für Käse, der im Gegenteil zu Scheibletten und Co. diesen Namen auch nur annähernd verdient, der geschmackliche Todesstoß – als stülpe man seinem Kind eine Plastiktüte über den Kopf! Die alte Methode, Spargel in ein feuchtes Tuch einzuwickeln, ist nach wie vor die beste, und Fleisch fühlt sich im Kühlschrank noch viel wohler, wenn man es in Öl einlegt, das sich auch mit Kräutern wie Rosmarin und/oder Chili aromatisieren lässt.

Der selbstbestimmte Koch möchte und kann nicht unbedingt jeden Tag einkaufen, muss aber natürlich jeden Tag essen. Doch dafür gibt es ja Kühlschrank, Tiefkühler und ein paar Erfahrungswerte!

Einfrieren funktioniert besser, als viele hochnäsig behaupten, wenn einem zwei Dinge klar sind: sorgfältigstes Einpacken ist essentiell, um das Austrocknen in der Kälte möglichst gering zu halten, und das Tiefkühlen ist keine Lösung für die Ewigkeit. Da Haushaltsgefrierschränke nicht gerade arktische Temperaturen schaffen, sondern meist nur um die -18 Grad, wird Fett auch bei dieser Aufbewahrungsmethode irgendwann ranzig. Beim Selbsteinfrieren – im Gegensatz zu bereits tiefgekühlten Lebensmitteln – bilden sich außerdem relativ große Eiskristalle, die die Struktur etwa von Käse und Obst zerstören und sie nach dem Auftauen wässrig und labbrig oder bröckelig machen. Fisch aus arktischen Gewässern ist so immun gegen die Kälte, dass sich die Zersetzung der Eiweißstoffe lediglich verlangsamt.

Für kurze Zeit einfrieren ist also in jedem Fall besser als jahreslanges Horten – dann aber superpraktisch, um von guten und unerwarteten Einkaufsmöglichkeiten voll zu profitieren. Dann kann ich ein ganzes Huhn kaufen und heute Abend nur die Brüste braten – Keulen und Karkasse warten auf eine Gelegenheit in den nächsten Wochen. Dann kann ich bei meinem Lieblingsbäcker, der nicht gerade um die Ecke liegt, richtig zuschlagen. Dann lässt sich ein Stück Spitzenparmesan kaufen und bei Bedarf über Salat oder Gemüse hobeln und reiben. Dann kann ich mir einen kleinen Vorrat an bester Butter anlegen, und ich kann in der Erdbeer-Hochsaison Erdbeerpüree einfrieren, wenn die Marmeladengläser schon alle voll sind und meine momentane Erdbeerlust sich der Sättigungsgrenze nähert.

Für kurze Zeit einfrieren ist in jedem Fall besser als jahreslanges Horten.

In anderen Fällen ist hingegen sogar Kühlschrankkälte absolut kontraindiziert: Tomaten etwa reagieren darauf höchst beleidigt mit Aromaverweigerung, und auch Kartoffeln, Zwiebeln, Äpfel, Birnen, Bananen oder Melonen mögen es nicht, wenn man ihnen die kalte Schulter zeigt. Mit solchem Grundwissen ausgestattet steht erfolgreichen Streifzügen als kochender Jäger und Sammler nach Lust und Laune nichts mehr im Weg!

Den Küchenschrank in seinen Tiefen erforschen – Vorräte und Gewürze

Beim Kochen verhält es sich wie mit dem Inhalt des Kleiderschranks: Natürlich kauft man immer mal wieder ein neues Teil, aber funktionstüchtig ist das Ganze jeden Morgen aufs Neue durch die vielen kleinen Einzelstücke, die sich über die Jahre ansammeln und den eigenen Stil bilden: ein Stapel T-Shirts, ein paar Gürtel, der Seidenschal aus dem Urlaub in Thailand. In jeder Küche, ob edelstahlblitzend oder kieferschlicht, groß oder klein, besonders ambitioniert oder eher der puren Notwendigkeit dienend, gibt es einen gewissen Grundbestand an Essbarem. Meist ist es ein buntes Durcheinander von bewusst „auf Vorrat" Eingekauftem und gelegentlich Übriggebliebenem, von Dingen, die so selbstverständlich sind wie die weißen oder schwarzen T-Shirts – Salz, Spaghetti, Kaffee – und anderem, das man spontan gekauft, aber noch nie eingesetzt hat, seien es nun winzige Gläschen Safranfäden oder Piment d'Espelette aus dem Baskenland. Alles zusammen ergibt eine richtige Zauberkiste und prägt den eigenen Kochstil ebenso wie der Kleider-Fundus das Erscheinungsbild.

Als ich in den 1960er Jahren in Westberlin aufwuchs, waren die Blockade und der Schock des Mauerbaus im Gegensatz zu heute noch nicht Teil der abgeschlossenen Vergangenheit, und auf einem kleinen Hängeboden über der Garderobe im Flur unserer Mietwohnung, den mein Vater für diesen Zweck gebaut hatte, lagerten Vorräte für „Notzeiten". Mehl, Zucker, Knäckebrot, getrocknete Erbsen, Linsen und Ähnliches waren sorgfältig datiert und wurden regelmäßig erneuert. Auch Selters gehörte dazu, das in klaren Flaschen mit altmodischem Bügelverschluss abgefüllt war, von denen hin und wieder, in meiner Erinnerung aber immer nachts, eine mit großem Getöse explodierte.

Heute kaufe ich stilles Mineralwasser in Plastikflaschen – aber glücklicherweise nicht als Überlebenshilfe für Notzeiten, sondern zum Aufgießen zarter Teesorten wie Darjeeling, für die unser ansonsten schmackhaftes Leitungswasser zu hart ist. Meine Vorräte reichen von Substanziellem wie Reis und Nudeln über grundlegende Geschmacksbooster wie Zwiebeln, Knoblauch und Pesto bis zum feinen Touch von Gewürzen wie Kardamom. Es ist eine Art Grundausrüstung, die mir erlaubt, etwa aus Zander und Lauchstangen, Entenschenkel und einem Kopf Rotkohl oder einem übrig gebliebenen Sammelsurium an Salat und Gemüse auf unkomplizierte Art ein komplettes Essen zu machen, mit einem gewissen Handlungsspielraum und spontanen Entscheidungen. Auf den ersten Blick scheint es ziemlich viel zu sein, was ich im Allgemeinen „so da habe“ – aber in den meisten Küchenschränken verbirgt sich nach meiner Erfahrung eher noch mehr. Besonders wenn viel nach Büchern gekocht wird, führt das zu einem Rest dies und einem halben Päckchen das, nach denen nur selten je wieder ein Rezept verlangt.

Vorräte: eine Art Grundausrüstung, die mir erlaubt, etwa aus Zander und Lauchstangen, Entenschenkel und einem Kopf Rotkohl oder einem übrig gebliebenen Sammelsurium an Salat und Gemüse auf unkomplizierte Art ein komplettes Essen zu machen.

Wenn ich jetzt im Folgenden einen Überblick über den Inhalt meines Küchenschranks gebe, dann ist das ein Beispiel für meinen Stil und bedeutet nicht, dass der für andere genauso passt – ich trage beinahe ausschließlich schwarz, andere mögen es bunt, ich liebe Strickjacken, andere ziehen Formelleres vor! Es ist also keinesfalls eine Aufforderung, mit exakt dieser Liste loszurennen und möglichst viel davon zu horten, sondern eher eine Anregung, den eigenen Fundus wie eine Schatzkiste zu durchforsten und dabei auf neue Möglichkeiten zu stoßen.

Ohne die absoluten Basics von Salz bis Öl geht gar nichts. „Du bist mir so wertvoll wie *Salz*“, sagt die Prinzessin in dem tschechischen Märchen vom selbstverliebten König zu ihrem Vater. Daraufhin verstößt er sie und lässt sämtliches Salz in seinem Königreich vernichten ... Horrorvorstellung! Abgesehen von allen naturwissenschaftlichen und medizinischen Impli-

Ohne die absoluten Basics von Salz bis Öl geht gar nichts.

kationen – ich bin salzsüchtig, dazu stehe ich. Ich glaube, dass ähnlich wie Lautstärke auch Salz von jedem unterschiedlich wahr- und aufgenommen wird. Es ist kein Gewürz an sich, sondern beleuchtet und setzt die anderen Aromen in Szene. Mein Lieblingssalz ist das Meersalz aus Maldon von der englischen Nordseeküste, weil seine großen flachen Kristalle so wunderbar knuspern und so frisch schmecken wie ein Spaziergang am Strand. Zum Kochen habe ich aber auch günstigeres feines Meersalz.

Wer Salz sagt, sagt meist auch *Pfeffer*. Der kommt mir nur in ganzen Körnern ins Haus, hauptsächlich schwarz oder in frischen grünen Rispen aus dem Asia-Laden, die dann an der Luft allmählich trocknen und im Mörser grob zerstoßen besonders aromatisch schmecken. Seitdem ich allerdings im Gewürze-Wunderland von Ingo Holland in Klingenberg war, hat sich meine Pfefferwelt bedeutend erweitert. Sein weißer Bio-Pfeffer (also aus reifen, geschälten Beeren) aus Kerala in Indien wirkt wie ein Fanfarenstoß, und der seltene rote (reife, mit der Schale getrocknete Pfefferbeeren) erinnert an getrocknete Erdbeeren und Hagebutten – wo ist das Reh? Aber auch Süßes bekommt so einen besonderen Kick, etwa eine Pfirsichtarte oder ein Kirschkompott.

Zucker ist bei mir braun. Nicht aus Ökogründen, sondern weil er dann mehr Geschmack hat, am meisten in Form von Sucanat aus getrocknetem und gemahlenem Zuckerrohr, das einen dezenten Karamelltouch mitbringt. *Honig* kann in meinem Schrank in ganz unterschiedlichen Varianten auftreten, weil wir ihn entweder selbst von einer Reise mitbringen oder von Freunden beschenkt werden. Ich mag besonders dunkel-würzig-kremige Arten auf dem Brot, über frischem Ziegenkäse aber am liebsten ganz flüssigen, hellen Akazienhonig.

Wie sind wir Germanen nur vor unserer „Entdeckung" des fruchtig-süßlichen *Balsamessigs* in der Küche zurechtgekommen? Oder sind wir säureempfindlicher geworden? Ich vermute, meine Großmutter hat die beißende Säure ihres Standardessigs in der Salatsauce gerne mit einer Prise Zucker ausgeglichen, und die ist beim Balsamico eben schon enthalten. Dass das meiste, was wir in bezahlbarer Form als solchen konsumieren, mit

Mondamin

dem echten Stoff aus Modena und seinem Einsatz dort – nämlich hochkonzentriert und daher tropfenweise – nicht viel zu tun hat, soll dabei nicht weiter stören. Anstatt auf Authentizität zu pochen, muss jeder selbst ausprobieren, wie viel Säure und Süße er in welchem Verhältnis zu welchem Preis möchte. Ein Schuss Balsamico peppt manches gegrillte Gemüse auf und macht zusammen mit Pfeffer und Piment aus kurz angeschwitzten Pflaumen oder Feigen ein schnelles Chutney.

Direkt neben dem Balsamessig steht die Flasche mit *Olivenöl*, das ich fruchtig und kräftig mag, sodass bereits wenige Tropfen viel Geschmack auf Tomaten, Auberginen oder an den Salat bringen. Als Abwechslung gibt es im Kühlschrank eine Flasche tiefgrünes *Kürbiskernöl* aus der Steiermark, dessen Üppigkeit im Gegensatz zum Olivenöl stets nur kalt über Gemüse, kalt aufgeschnittenen Tafelspitz oder eine pürierte Kürbissuppe geträufelt wird (und zu dessen Ergänzung es im Schrank ein Glas mit geschälten *Kürbiskernen* gibt, die in der trockenen Pfanne kurz geröstet für Knusperbiss sorgen). Liegt mir in Sachen Öl hingegen an Neutralität, zum Beispiel bei thailändischen Gerichten, greife ich zum *Traubenkernöl*, das sich außerdem sehr hoch erhitzen lässt. Vervollständigt wird die Fett-Riege von *Butter*, und zwar wirklich guter Butter. Ob man damit nun bäckt, kocht oder sie aufs Brot streicht – sie soll schmecken, sonst kann man sie sich gleich sparen! Ich möchte diesen intensiv-sahnigen, herrlich seidigen Touch, wenn ich eine Rotweinsauce damit binde oder ein Steak darin langsam brate. Nach solcher Butter muss man suchen, aber es lohnt sich, einfach alles schmeckt dann besser.

Vor allem für Salatsaucen habe ich mehrere Sorten *Senf* im Kühlschrank, einen richtig scharfen, einen körnigen und einen fruchtigeren, die Moutarde Violette. Ein paar Tropfen aus der Flasche *Worcestershire Sauce* sorgen für den letzten Kick in Dressing und Sauce und *Walnußkerne* manchmal für zusätzliche Substanz. Schließlich ist ein Stück *durchwachsener Speck* absolutes Muss. Ein paar Streifen davon in der Pfanne gebraten peppen jeden Salat auf und sorgen für Power in der Suppe. Allerdings lohnt es sich, nach der luftgetrockneten oder gut abgehangenen Variante Ausschau zu halten – Turbomast und -produktion bringen auch hier nur enttäuschende, wabbelige Ergebnisse.

Ganz wichtig für den entspannten kulinarischen Alltag sind die kleinen Dinge für vorweg, zwischendurch und danach. Das gilt zum Beispiel für die *Salami*, die ich so gut wie immer im Kühlschrank habe: für ein paar Häppchen zu einem ersten Glas Wein vor dem Essen, zusammen mit einigen *Oliven* – am liebsten kleine ligurische oder Niçoises, die auch mal in ein Schmorgericht oder in die Nudelsauce wandern; lieber Steinespucken als aufdringlich salzigsauer Schnelleingelegtes! Ein paar *Karotten* und oftmals eine *rote Paprikaschote* erweitern das frühabendliche Knabberangebot. Für die etwas aufwendigeren Gelegenheiten liegt im Tiefkühler ein Paket *Blätterteig* (möglichst mit Butter gemacht!), der in Verbindung mit einem Glas *Anchovis in Olivenöl* im Kühlschrank schnelle und besonders zu allen Arten von Sekt und Champagner superleckere Aperitifhäppchen ergibt.

Ganz wichtig für den entspannten kulinarischen Alltag sind die kleinen Dinge für vorweg, zwischendurch und danach.

Die Anchovis sind sowieso essentiell, da sie in die scharfe Tomatensauce der Spaghetti puttanesca gehören, meiner absoluten Gute-Laune-Lieblingspasta. Und sie machen mehr aus Blumenkohl in allen Formen, passen zu Roten Beeten oder auch einfach auf ein Spiegelei oder getoastetes Brot . . . Gleich daneben steht ein Glas mit *Gewürzgurken*, die man zwar gehackt in Remoulade und dergleichen mischen kann, die ich aber am liebsten zwischendurch einfach so und direkt aus dem Glas esse . . . nein, ich bin nicht schwanger – ich mag die Dinger!!! Außerdem brauchen wir immer frische *Milch* für den morgendlichen Tee und den vormittäglichen Kaffee, aber beim Kochen ist sie nicht maßgeblich beteiligt.

Unverzichtbar ist dagegen die Tüte mit *Käse*: einerseits ein Stück gereifter Parmesan oder Pecorino, zum Hobeln über Gemüse und Salate, andererseits eine Auswahl von Käse zum Nachtisch, der bei uns so gut wie jedes Abendessen abrundet. Für die Momente, wenn die Lust auf Süßes uns übermannt, gibt es meistens ein bisschen ziemlich dunkle, ziemlich gute

Kochwein ist der Wein, den man beim Kochen trinkt!

Schokolade. Und fast hätte ich es vergessen: *Wein* ist immer da, auch gekühlt und durchaus auch bereits während des Kochens – Kochwein ist der Wein, den man beim Kochen trinkt!

Aber natürlich nicht nur, und in den Kochtopf wandert bevorzugt nur mäßig Säure- oder Gerbstoffbetontes, weil sich diese Eigenschaften beim Kochen noch verstärken. Für Rotweinsaucen habe ich darüber hinaus grundsätzlich eine Flasche im Kühlschrank stehen, in der ich alle Reste von Portwein und anderen dicken süßen Rotweinen sammle – das gibt der Sauce den Superkick!

Nun essen wir zwar ziemlich oft Salat und Käse, aber natürlich braucht man auch Substanzielleres. *Brot* ist sowieso Basis-Ausrüstung fürs Frühstück (auch als Reserve im Tiefkühler), muss aber gleichermaßen für schnelle Improvisationen herhalten, die seit der Anbindung deutscher Küchen ans Mittelmeer vermutlich sämtlich unter die Kategorien Crostini und Bruschetta fallen – sei's drum, Brot ist geduldig! *Nudeln* (Pasta!) ebenso. Ich gestehe, dass ich hier mit der Zeit ähnlich wählerisch geworden bin wie beim Brot. „Normale" Spaghetti für 99 Cent sind okay, aber es gibt Aufregenderes, das ohne große Verbiegungen und Zauberkünste im Saucentopf bereits großartig schmeckt. Neben Spaghetti habe ich meistens eine Tüte Penne für „stückigere" Kombinationen im Schrank. Auch beim *Reis*, dem nächsten Grundpfeiler des kulinarischen Survival-Kits, gibt es erhebliche Qualitätsvariationen und natürlich verschiedene Arten, die sich so grundsätzlich unterscheiden wie Wolle, Seide und Baumwolle. Bei allen gilt allerdings: vor dem Kochen gründlich waschen und außer für Risotto in kaltem Wasser einweichen – von 30 Minuten für körnigkochenden Langkornreis bis zu zehn Stunden für letztjährig geernteten Klebreis. Der beste Reis ist so aromatisch, dass man ihn beinahe solo servieren kann, in welcher Form er auch immer auftritt – bei mir als Basmati, Carnarolo für Risotto und neuerdings Klebreis zu Thailändischem und mit frischem Obst und Kokosmilch als Dessert. *Linsen* sind beinahe ebenso vielfältig – Salat! Suppe! Statt Gemüse zu Fisch oder

Natürlich braucht man auch Substanzielleres.

Fleisch! – und bringen Farbe ins Spiel, wenn man statt der klassischen braunen rote oder schwarze verwendet. Je weniger alt und je kleiner, desto kürzer bis gar nicht muss man sie einweichen.

Kartoffeln, die Klassiker unter den Sättigungsbeilagen, kommen in meiner Küche eher selten vor, haben aber natürlich ein schier unerschöpfliches Potenzial. Ich schätze, ich habe den mir bestimmten Teil einfach schon als Kind vertilgt, als es grundsätzlich zu jeder warmen Mahlzeit Salzkartoffeln gab, und zwar mehlig kochende Bintje . . . am ehesten bringen mich denn heute auch speckige gelbe, festkochende Salatkartoffeln in Versuchung, während mich die Angewohnheit vieler Köche, in alle gemüsigen Suppen noch ein paar Kartoffeln mit hineinzuwerfen, so richtig nervt. „Für die Bindung“, sagen sie und sind doch nur am Rumknausern mit dem Geschmack der eigentlichen Ware – entweder Kartoffel- oder Brokkolisuppe, bitte!

Knollensellerie ist besonders im Winter bei uns beinahe allgegenwärtig. Er hält sich im Gemüsefach nahezu unbegrenzt, steht kleingewürfelt der Zwiebel bei ihrer Grundsteinlegung des Geschmacks zur Seite und macht sich langsam gebraten in Streifenform ebenso gut zum Salat wie in dicken Scheiben zu oder statt Fleisch. Förmlich nackt fühle ich mich ohne ein Paket *grüne Erbsen* im Gefrierschrank: sie sind für mich der absolute, verlässliche, köstliche Retter in jeder Gemüse- oder Suppennot.

Auch *Eier* sind an sich wie geschaffen für den Stand-by, trotzdem gehören sie nicht zu meinem Standard-Fundus. Das mag einerseits daran liegen, dass mein Mann lange Zeit ei-allergisch war und wir sie uns abgewöhnt haben; andererseits stelle ich fest, dass sie mich faul machen, ich gerade zur Mittagszeit zu wenig über andere Möglichkeiten nachdenke, wenn ich mir auch ein Spiegelei braten könnte … Als superpraktisch und luxuriös empfinde ich hingegen einen Vorrat an tiefgefrorenen *Riesengarnelen* – die reißen jedes Essen raus und lassen sich auf tausend Arten und vor allen Dingen schnell zubereiten.

Doch zurück zu den „Vorratsklassikern“: *Mehl* habe ich zwar in meinem Küchenschrank, benutze es aber beinahe ausschließlich zum Backen. Zum Andicken von Saucen, wenn denn wirklich notwendig, finde ich *Saucen-*

binder viel praktischer. Man braucht ihn nicht umständlich anzurühren, er klumpt nicht und schmeckt so neutral, dass er auch bei roter Grütze einsetzbar ist!

Es können ein bestimmter Gürtel, ein Schal oder auch die Lieblingsstiefel sein – es gibt gewisse unverzichtbare Dinge, die so gut wie jedem Outfit auf die Sprünge helfen, ohne sich gleich dominant in den Vordergrund zu drängen. Auch in der Küche sind solche Geschmacksbooster wie gute alte Freunde, auf die man sich immer verlassen kann und die zu pflegen und stets vorrätig zu haben sich lohnt. An erster Stelle stehen dabei die *Zwiebeln*, meinetwegen auch *Schalotten*, letztere etwas feiner in Konsistenz und Geschmack. Gewürfelt und langsam in Butter oder Öl angeschwitzt ist das der erste Aromastein in Topf oder Pfanne, auf den sich dann aufbauen lässt. Mit *Knoblauch* gehe ich etwas vorsichtiger um und drücke die Zehen mit dem flachen Messer nur etwas an, sodass ich sie am Schluss wieder herausfischen kann. Oder ich nehme im Frühling frischen Knoblauch, der animierend duftet, statt penetrant zu riechen. *Getrocknete rote Chilischoten* sind ebenso immer griffbereit. Wenn man sie entkernt, verhalten sie sich viel zivilisierter und sorgen für dezenten Pepp statt brüllender Schärfe. Sie verwandeln Tomaten, Mango oder Nektarinen im Handumdrehen in eine Salsa und sind unverzichtbar für die Puttanesca – ultimative Existenzberechtigung in meiner Küche!

Geschmacksbooster sind wie gute alte Freunde, auf die man sich immer verlassen kann und die zu pflegen und stets vorrätig zu haben sich lohnt.

Gleiches gilt für die *Kapern*, die sich aber auch bestens mit einer Reihe von Gemüsen vertragen und mit ihrer feinen Würze eigentlich vollkommen unterschätzt werden. Ich mag sie lieber in Salz eingelegt als in Essig, dann muss man sie allerdings kurz in einem Sieb mit lauwarmem Wasser abbrausen. *Getrocknete Steinpilze* gehören ebenfalls zu den ganz treuen Boostern in meinem Küchenschrank. Nach meiner Erfahrung laufen sie zu Höchstform auf, wenn man sie 20 Minuten in warmes Wasser einweicht und anschließend einmal kurz in wenig Wasser aufkocht. Dann machen sie aus einem Stück Fleisch etwas ganz Besonderes und aus ein paar Champignons eine Luxus-Pasta-Begleitung – aber sie lassen sich auch direkt in eine Sauce hineinbröckeln. Mit *thailändischer Currypaste* lassen sich unterschiedlichste Gemüse, Suppen und Saucen „exotisieren"; ich kaufe sie lieber in kleinen Beuteln als in großen Töpfen, weil sie ziemlich schnell an Aroma verliert. Dazu gehört natürlich *Kokosmilch* (es gibt sie jetzt endlich ohne Konservierungsmittel), die außerdem ein guter Sahneersatz ist, wenn es bei einem Dessert oder einer Suppe um einen Touch an Kremigkeit geht.

Absolut unverzichtbar sind gute *Schältomaten* bzw. Pelati in der Dose – die zum Kochen bereits in Standardqualität besser sind als 90 Prozent der weithin erhältlichen frischen Tomaten. Aber auch da gibt es mit den Pelati aus San Marzano noch eine Steigerung. Für den Übertomatenkick oder zum Binden von Gemüsesuppen bringt ein wirklich gutes *Tomatenpüree* einen leicht süßlichen Touch mit (wiederum San Marzano, ansonsten: die Zuckerdose und ein paar Tropfen Balsamico!). Und schließlich der Retter in allen Lebenslagen – wie sind wir nur zurechtgekommen, bevor wir das *Pesto* kennen lernten? Pesto ist wie die Freundin, die man zu jeder Tages- und Nachtzeit anrufen kann, die immer zu einem hält und stets einen guten Rat parat hat. So eine Freundschaft basiert auf uneingeschränktem Vertrauen, und man kennt sich so ziemlich in- und auswendig. Deshalb bin ich hier auch wählerisch und gebe mich nicht mit irgendwelchem grünen Gemantsche zufrieden, sondern nur mit Pesto, das wirklich aus Basilikum, Olivenöl, Parmesan oder Pecorino, Pinienkernen und Salz besteht – weder Zitronensäure noch Cashewkerne haben auf Crostini, über Gemüse, in der Pasta oder der Suppe etwas verloren!

Gewürze sind wie ein feiner letzter Touch, der dem Ganzen eine bestimmte Richtung gibt – Rouge, Parfüm, Lippenstift, etwas in der Art. Bin ich romantisch drauf? Oder powermäßig? Ist mir nach Frühlingsfrische? Auf solche Stimmungen lässt sich etwa mit Kardamom, Ingwer und Kaffirzitronenblättern eingehen. Zu viele verschiedene Gewürze enden allerdings zu 99 Prozent in unverständlicher Kakophonie statt verführerischen Geschichten aus Tausendundeiner Nacht, und

Gewürze sind wie ein feiner letzter Touch, der dem Ganzen eine bestimmte Richtung gibt .

was ist schlimmer, als wenn sich jemand mit einer Riesen-Parfümwolke umnebelt hat? Fein ist also das Schlüsselwort, während letzter Touch nicht immer wörtlich zu nehmen ist. Im Gegensatz zu frischen Kräutern müssen nämlich viele dieser getrockneten Blüten, Wurzeln und Samen zumindest eine Zeitlang mitkochen, um ihr Aroma zu entfalten.

Zu viele verschiedene Gewürze enden allerdings zu 99 Prozent in unverständlicher Kakophonie.

Ist mir nach Herbst-Wald-Wild zumute, greife ich zu

- Thymian, für mich eines der wenigen Kräuter, die getrocknet wirklich Sinn machen, viele mutieren dabei zu besserem Heu. Thymian ergibt noch dazu in Teeform (1 Teelöffel auf ¼ Liter Wasser, aufkochen und kurz ziehen lassen) eines der wenigen wirklich wirksamen Hustenmittel.
- Wacholderbeeren, die leicht angequetscht so berauschend nach Heide und Wald riechen, dass man den Gin-Tonic förmlich auf der Zunge spürt. Auch bestens in Kombination mit Sahnigem!
- Piment, der nicht umsonst auf englisch Allspice, Alleswürze, heißt; er sorgt für ausgewogene, vielschichtige Würze ohne Schärfe und hat einen gewissen Lebkuchen-Effekt (in die er traditionell auch gehört).

Ist mir noch weihnachtlicher, haben ihren Auftritt

- Zimt, den es allerdings sehr vorsichtig zu dosieren gilt, weil er sonst sowohl aufdringlich als auch scharf schmeckt.
- Nelke, bei der dasselbe gilt: ein oder zwei „Nägelein" auf einen Suppentopf sind meist ausreichend. Ganz ohne Weihnachtsstimmung gehören sie für mich auch beim Hühnerkochen dazu.

Exotisch – märchenhaft – fernwehkrank, bei dieser Stimmung helfen

- Kardamom, für Süßes und Salziges, keinesfalls aber als fades gemahlenes Pulver kaufen, sondern ganze Kapseln, aus denen sich dann die schwarzen Samen herausbrechen und im Mörser zerkleinern lassen.

- ♦ Sternanis, parfümierter und exotischer als normaler Anis, aber ebenso vorsichtig zu dosieren. Dafür höchst dekorativ!
- ♦ Vanille, die auch bei Pikantem durchaus ihre Berechtigung hat, leider aber durch das Sterneküchen-Klischee „Hummer mit Vanillesauce“ in Verruf geraten ist. Dabei kann sie etwa geschmortem Kalbsfleisch diesen wunderbaren Mmmmhhh-Effekt verleihen …

Der Indien-Grundton wird angegeben von

- ♦ Koriandersamen, während die frischen Blätter bei uns Synonym für Thailand sind, aber schnell etwas eintönig werden. Interessant ist auch die Würze der frischen Wurzeln des „Wanzenkrauts“.
- ♦ Kreuzkümmel, der ob weiß oder schwarz ebenso wie die Koriandersamen am besten schmeckt, wenn er in der trockenen Pfanne kurz angeröstet und dann gemörsert oder gemahlen wird.

Chili-Alternativen sind

- ♦ Cayenne zur Feindosierung.
- ♦ englisches Senfpulver, wenn Senf zu sauer ist.
- ♦ Tabasco, besonders in der grünen Variante, die schon allein für den Tomatensaft ein Muss ist, aber auch Fleischstücke der langweiligeren Art als Marinade aufpeppt.
- ♦ Piment d'Espelette, eine mildere Chiliart aus dem französischen Baskenland, die eher wie eine Mischung aus Chili und Paprika schmeckt.

Das absolute Power-Gewürz für mich ist *Ingwer*, der allerdings getrocknet und pulverisiert nur ein Schatten seiner selbst ist. Die frischen Rhizome halten sich im Kühlschrank aber ziemlich gut. Entweder kann man knoblauch-ähnlich ganze Scheiben mitkochen und wieder herausfischen, oder aber den Ingwer schälen und dann fein hacken oder reiben – wie auch immer, die Kombination von Schärfe und Frucht ist wie die strahlende Sonne nach einem Wolkenbruch, wenn alles glitzert und funkelt.

Kaffirzitronenblätter, deren Limettenaroma sich im Tiefkühler bestens hält, sind über ihre traditionelle Verwendung in der thailändischen Küche hinaus eine duftige Alternative zu Zitronenschale und Minze.

Lorbeer erscheint mir wie eine verkannte Größe, die man in bestimmten Situationen automatisch verwendet, aber meist in längst verduftteter, wenig ausdrucksvoller Form. Im Süden gibt es die glänzend grünen Blätter frisch, und wenn man damit einen Fisch oder Garnelen mit ein paar Spritzern Öl in Alufolie gart, sortiert sich der Lorbeer neben dem Rosmarin in die Mittelmeerlandschaft ein.

Muskatnuss ist ein echter Allrounder, der aber nur frisch gerieben und in Maßen zum Einsatz kommen sollte, dann hat seine Würze besonders bei allem Hellen und Kartoffeligen ähnliche Effekte wie Piment. In anderen Fällen sorgt ein Schuss *thailändische Fischsauce* für das „gewisse Extra".

Was noch? *Fenchelsamen* fällt mir ganz hinten im Schrank in die Hände – kommt auf die Stimmung an. Für viele schmeckt er ein bisschen nach Baby und nach Kranksein, ganz vorsichtig dosiert macht er sich aber gut zu Fisch und auch zu Süßem. Eigentlich reicht es schon, etwas Sahne, Brühe oder Wein mit einem Teelöffel voll aufzukochen, etwas ziehen zu lassen und dann abzugießen; dieser Auszug wirkt subtiler, als wenn man die Samen direkt einsetzt. Schließlich *Safranfäden*, die unbedingt in etwas Flüssigkeit eingeweicht werden müssen. Dann kommt ihr eigentümliches Aroma voll zur Geltung, das allerdings nicht zu meiner spontanen Palette an Gewürzen gehört.

Ja, und dann kommt dieser Moment, nachdem man ganz froh und wohlgemut vor sich hingekocht hat, sich am Ziel wähnt, probiert … und enttäuscht ist. Alles ganz okay, aber irgendwie etwas leblos, eben nur okay statt JAA!! Dann hilft unter Umständen – bei mir eigentlich immer – eine Prise Salz, aber prinzipiell ist das der große Moment für die *Zitrone*. Mit wenigen Tropfen sorgt sie für Action, gute Laune, strahlende Farben und Klarsicht. Als Alternative – für den, der's mag, so wie meine Wenigkeit – kann *Meerrettich* einen ähnlichen Effekt haben, er hält sich in geriebener Form mit Sahne im Glas ebenso lange wie eine Zitrone im Kühlschrank.

Komplett als überflüssig aus meinem Fundus verbannt worden sind

Brühwürfel. Sie schmecken aufdringlich nach Hefeextrakt und Palmfett und was weiß ich was noch, das ich in meinem Topf nicht unbedingt haben will – gehärtetes Öl, Glutamat –, und tauchen alles in ein fades Einheitslicht. Genauso überflüssig finde ich *Fertigfonds*. Die sind gleichermaßen Einheitsgeschmack, noch dazu teuer bezahlter. Ich finde, es kocht sich klarer und geradliniger, wenn man selber Zwiebeln, Karotten und Sellerie anschwitzt, vielleicht auch ein bisschen Speck, mit Wasser auffüllt und kräftig abschmeckt – Salz und Glutamat braucht man weder in Würfelform noch in Gläser abgefüllt nach Hause zu schleppen! Weil ich möglichst nur ganze Hühner kaufe (seitdem ich „Not on the Label" der englischen Journalistin Felicity Lawrence gelesen habe, weiß ich noch genauer, was zwischen der Schlachtung und meiner Küche alles mit dem hautlosen Hühnerbrustfleisch angestellt werden kann – nein danke!), kocht immer mal wieder ein Hühnergerippe mit Zwiebel, Lorbeer und Nelke leise vor sich hin und verbreitet seinen Seelentrösterduft. Diese Brühe friere ich dann ein: für Aufbaunahrung in Form von mittäglicher klarer Suppe mit ein paar Champignonscheiben, Nudeln und, und, und.

Komplett als überflüssig aus meinem Fundus verbannt worden sind Brühwürfel.

Ebenso unerträglich wie Brühwürfel-Einheitsgeschmack finde ich die billigen Duftwolken, die *Trüffelöl* verbreitet. Und alles, was oben zu Brühwürfeln steht, gilt in potenzierter Form für gängige *Fertigsauce:* ein lebensmitteltechnologisches Frankenstein-Wunder, das nach Karamell, Billigfett, Glutamat und Salz „schmeckt", da ist mir Ketchup noch lieber! *Semmelbrösel* gehören für mich auch in die Kategorie überflüssig, weil sie meistens muffig und abgestanden sind – ein Stück trockenes Weißbrot wird in der Küchenmaschine schnellstens zu „frischen" Bröseln! Und schließlich habe ich auch einen richtigen Horror vor *billigem Currypulver*, dessen „Duft" nach abgestandenem Kurkuma noch tagelang in der Wohnung hängt und nicht das Geringste mit der

Fertigsauce: ein lebensmitteltechnologisches Frankenstein-Wunder, das nach Karamell, Billigfett, Glutamat und Salz „schmeckt".

kulinarischen Wirklichkeit Indiens zu tun hat. Currys werden dort auf der Basis von frischem Ingwer und Knoblauch mit einer frischgerösteten und -gemahlenen Mischung aus roten Chilis, Kreuzkümmel, schwarzem Pfeffer, Nelken, Zimt, Kardamom, Salz und etwas Kurkuma gewürzt, und die gelungene Feinabstimmung dieser typisch indischen Vielfalt verlangt viel Gefühl – ungefähr wie das kleidungstechnische Kombinieren von Pink, Hellgrün und Knallrot.

Reste runderneuern – Übriges von gestern mit neuen Augen sehen

Wenn es um Reste geht, werde ich philosophisch: Es kommt auf die innere Einstellung an, negative Gedanken provozieren negative Erlebnisse. Das Glas kann entweder halb voll oder halb leer sein. Ich kann mich im April über die gelegentliche Sonne freuen oder über die Regenschauer dazwischen ärgern. Das klingt zugegebenermaßen abgedroschen, aber deshalb nicht weniger wahr. Um zum Thema zu kommen: Wenn ich heute Abend mehr grüne Bohnen koche, als wir bewältigen können, dann kann mich der Anblick dieses „Rests" morgen im Kühlschrank entweder nerven oder die positive Tatsache verkörpern, dass der erste Schritt zu einem Bohnensalat bereits getan ist – Essig, Öl, eine gewürfelte Zwiebel, fertig.

Nahezu jede Art von gegartem Fleisch ist eine gute Ausgangsbasis für ein Essen, dessen Zubereitung ansonsten wesentlich zeitaufwendiger gewesen wäre. Aus Hühnerfleisch, ob gebraten oder gekocht, werden Spitzensalate: in der Retro-Version mit Ananas-Mandarinen-Mandelstiften oder halbierten Trauben-Walnüssen und Mayonnaise oder Crème fraîche (Letzteres sozusagen modernisierte Post-Retro). Oder an die thailändische Küche angelehnt mit klein gezupfter Pomelo oder rosa Grapefruit und einem Dressing aus in Kokosmilch aufgelöster scharfer Chilimarmelade, abgeschmeckt mit Fischsauce und Limettensaft, variiert mit frischem rotem Chili, Korianderblättern, gehackten Erdnüssen, Knoblauch … Hühnerfrikassee ist auch ziemlich retro und ziemlich lecker – einfach ein paar Zwiebelwürfel in Butter anschwitzen, mit einem Schuss Weißwein ablöschen, ein bisschen einkochen, Sahne dazu, nach Wunsch mit Saucenbinder andicken und abschmecken. Essentiell dabei:

Nahezu jede Art von gegartem Fleisch ist eine gute Ausgangsbasis für ein Essen, dessen Zubereitung ansonsten wesentlich zeitaufwendiger gewesen wäre.

Kapern! Zitrone! Das Hühnchenfleisch (ohne Haut – bei der hilft keine philosophische Betrachtung, die ist einmal erkaltet wirklich abzuhaken) in der Sauce nur erhitzen, nicht kochen, damit es nicht zäh und trocken wird; das gilt für alles bereits gegarte Fleisch. Spargel macht sich gut dazu, ein paar Erbsen, Champignonscheiben – und klassisch gehören natürlich Krebsschwänze dazu, aber die finden sich zumindest in meinem Kühlschrank eher selten ein.

Die Überbleibsel größerer Fleischstücke, wie zum Beispiel Roastbeef oder Lammkeule, deren Maß sich zumindest meiner Erfahrung nach am schwierigsten auf Appetit und Nachfrage abstimmen lässt, werden in Scheiben geschnitten und langsam in Butter gebraten wieder superzart – wobei rosa gebratenes Roastbeef kalt aufgeschnitten ob mit oder ohne Bratkartoffeln, aber unbedingt Meerrettich oder Senfähnlichem, natürlich der Klassiker schlechthin ist. Bei gekochtem Fleisch, etwa einem Tafelspitz (der aber in dünnen Scheiben mit Zwiebeln und einer Vinaigrette aus Kürbiskernöl kalt auch hervorragend schmeckt), macht es sich gut, wenn man diese „Schnitzel" etwas mit Mehl bestäubt, damit sie schön goldbraun braten. Dabei lässt sich auch eine Tiefkühlphase einschieben, durch die ein „Rest" dann endgültig zu einem neuen Essen wird – auf diese Weise hatten wir im März an einem ansonsten nervigen, mit Arbeit vollgestopften Wochentag ein richtiges Festmahl mit dem restlichen weihnachtlichen Rehrücken und gedünstetem Wirsing mit Speck dazu. Saucenpfützen friere ich grundsätzlich ein, sie sind die beste Grundlage für einen Neustart.

Ein Rest wird eigentlich erst zum Rest mit allen negativen Assoziationen, wenn er zum x-ten Mal hintereinander auf den Tisch kommt. Da kann die Ratatouille noch so lecker sein und mit jedem Aufwärmen besser werden: Spätestens am dritten Tag habe ich keine Lust mehr darauf. Am besten wäre sie gleich nach dem ersten Auftritt portionsweise in eisiger Kälte verschwunden, um dann um so wirkungsvoller zeitverschoben wieder aufzutauchen! Das gilt besonders für Suppen, die zu kochen in kleinen

Ein Rest wird eigentlich erst zum Rest mit allen negativen Assoziationen, wenn er zum x-ten Mal hintereinander auf den Tisch kommt.

Mengen mir unrationell erscheint, wie eine vergeudete Chance, den Tiefkühler mit einem portionsweisen Vorratsschatz zu bestücken.

Bei einem bunten Sammelsurium von bereits gekochtem Gemüse bietet sich vor allem an grauen Tagen, die nach stimmungsaufhellender weicher Wärme verlangen, auch die Auflauf-Lösung an: Alles klein schneiden, mit Kräutern, Chili oder was einem sonst noch so in die Hände fällt in eine gebutterte flache Form packen – Nudeln oder Reis passen auch gut darunter – und mit gewürzter Eiermilch übergießen, für die man ein bis zwei Eier mit ¼ Liter Milch und/oder Sahne verquirlt – ab in den Ofen bis goldbraunkrustig. Alternativ Eiermilch durch eine Dose Pelati und geriebenen Käse ersetzen. Andere Möglichkeit: als Tarte mit Mozzarella oder Ziegenkäse überbacken, wobei der Teig entweder schon tiefgefroren zur Stelle ist oder im Verhältnis von zwei Teilen Mehl und etwas mehr als einem Teil kalter Butter sowie etwas kaltem Wasser schnell zusammengeknetet wird – kommt besonders gut mit Spargel, Tomaten in dicken Scheiben, Zucchini, Fenchel oder Paprika.

Gebratener Reis gelingt überhaupt nur mit gekochtem, wieder vollständig abgekühltem Langkornreis. Zuerst den Reis in heißem Öl anbraten, und wenn der so richtig in Bewegung kommt, andere, schnell garende Zutaten dazugeben: Zwiebeln in dünnen Streifen, kleine Shrimps und Kräuter zum Beispiel. Mit einem verquirlten Ei wird daraus gebratener Eier-Reis. Chili kann nicht schaden, Sojasauce und Sesamöl passen auch zum Thema.

Etwas ältliches, trockenes Graubrot birgt in sich das Potential für wirklich guten toskanischen Brotsalat, der besonders in der Sommerhitze ein wunderbar leichtes Essen abgibt: mit kaltem Wasser einweichen, ausdrücken, zerpflücken und mit Tomaten-, Gurken- und Zwiebelwürfeln sowie Basilikum vermischen und ziemlich sauer mit Essig und Olivenöl anmachen – durchziehen lassen!

Und dann gibt es natürlich diese Sachen, die „übriggeblieben“ und kalt beinahe noch besser schmecken als frisch gemacht und heiß, nämlich Bouletten und Schnitzel – am liebsten nächtens und mit viel Senf ... da ist zumindest mein Glas dann weit mehr als halbvoll!

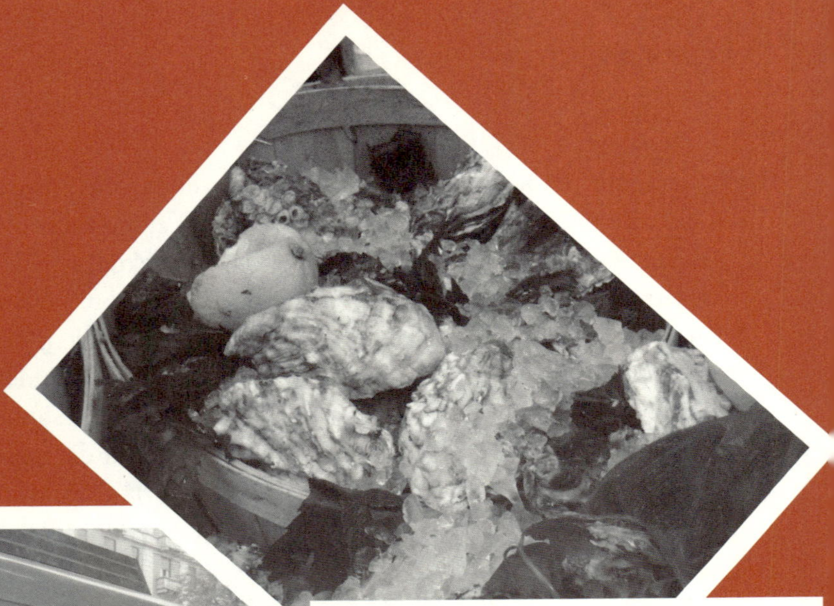

I Segni del Corpo

Die relative Leere meines Kühlschranks an einem Sonntagabend

Philosophische Betrachtungen hin oder her, am Sonntagabend nimmt der Inhalt meines Kühlschranks regelmäßig extreme Formen an. Er ist entweder zu voll – ungezügeltes Einkaufen am Samstag auf dem Markt, dann abends doch nicht zu Hause gekocht – oder es herrscht gähnende Leere, bis auf einige merkwürdige Überbleibsel wie ein paar Stängel Koriander, Butter und Käse, dazu auf dem Fensterbrett drei Tomaten und eine Nektarine. Ersterer Zustand, der der Fülle, mag manchem paradiesisch erscheinen, mich macht er eher nervös. Ich habe dann das Gefühl, auf Tage hinaus festgelegt zu sein, meinen spontanen Gelüsten sozusagen selbst den Boden unter den Füßen weggezogen zu haben. Aber das ist zugegebenermaßen die Klage des Wohlstands, die sich letztendlich in Wohlgefallen und Genuss auflöst und darum hier auch nicht länger behandelt werden soll. Nein, spannender ist das Gegenteil, die relative Leere.

In einem früheren Leben, in einer Stadt, mit der wir nicht zurechtkamen – und sie nicht mit uns –, haben wir einmal einen Sonntag lang die Vorhänge gar nicht aufgezogen, uns eingeigelt, die missstimmige Schmallippigkeit draußen einfach ausgesperrt. Wir hatten am Abend zuvor Gäste gehabt und für diesen Anlass einen Korb Austern organisiert. Aus irgendeinem Grund musste es für diese Freunde unbedingt Austern Florentine geben: auf gedünstetem Blattspinat mit einer Weißweinsahnesauce gratiniert. „Wahre" Austernliebhaber protestieren dabei, man „koche" nicht mit Austern, alles andere als der rohe Verzehr sei „Verschwendung". Ich finde, Austern sind einfach superfeine Muscheln, und das kommt kurz überbacken, wenn sie gerade eben gegart sind, genauso zum Ausdruck wie beim rohen Schlürfen, das verständlicherweise nicht jedermanns Sache ist. Gutes Rindfleisch esse ich ja auch nicht nur als Tartar! Wie auch immer, die Florentinischen waren bestens angekommen, aber wir hatten natürlich nicht zu viert als Vorspeise 50 Austern vertilgt.

Deshalb stand, als wir an diesem entspannten Igeltag im Laufe des Nachmittags zum ersten Mal nach dem späten Frühstück wieder über Essen nachdachten, im Kühlschrank ein halbvoller Korb mit Austern. Wunderbar, das passte zu unserer Stimmung. Allerdings hatten wir weder Weißbrot noch Zitrone, und roh schlürfen kam für uns so ohne nichts nicht in Frage. Sahne war noch da – aber kein Spinat! Ich kramte in den hintersten Ecken von Kühlschrank, Tiefkühler und Vorratsschubladen, auf der Suche nach einem potenziellen Ersatz. Zwiebeln? Irgendwie zu gewöhnlich. Reis? Konnte ich mir überhaupt nicht vorstellen. Das einzige, was halbwegs geeignet schien, waren ein paar Kartoffeln. Kurzentschlossen warf ich sie ungeschält in einen Topf, knackte derweil die Austern und rührte eine Sauce zusammen (der Trick dabei ist übrigens, neben einem Schuss Noilly Prat und ein bisschen Weißwein das Austernwasser mitzuverwenden!). Und dann lagen die Weichtiere also auf dicken Pellkartoffelscheiben statt auf grünem Blätterbett, mein Mann hatte eine passende Flasche Weißwein aus dem Keller geholt – und es war eines der besten und vergnüglichsten Essen, an die ich mich erinnern kann.

Warum war es so gelungen? Abgesehen davon, dass die Kartoffeln wirklich eine gute Unterlage für die Meeressalzigkeit darstellten, hatte das vor allem damit zu tun, dass unsere Erwartungen an diesen Abend und seine kulinarischen Implikationen quasi bei Null lagen. Wir hatten uns darüber vorher schlichtweg keine Gedanken gemacht, und dadurch waren auch Enttäuschungen so gut wie unmöglich. Darin liegt meiner Meinung nach eines der großen Probleme bei den ganzen wunderbar üppig bebilderten Kochbüchern: ein festes Bild setzt sich erwartungsvoll im Kopf fest. Doch so wie der Held aus dem Lieblingsroman in der verfilmten Version auf der Leinwand niemals ganz der richtige ist, stimmt auch das Ergebnis auf dem Teller nur selten mit dem virtuellen Hochglanz-Vorgeschmack überein, der englisch so treffend als *Food Porn* bezeichnet wird.

Doch zurück zur relativen Leere. Das Gegenteil zum eingeigelten Austernschmaus fand vor wenigen Wochen statt. Es war ein ruhiger Tag, wie die meisten Sonntage, wenn wir nicht auf Reisen sind: nach Tee und Joggingrunde ein relativ spätes Frühstück, ein bisschen Zeitunglesen, die Badewanne und dann an den Schreibtisch, ungestört von Postbote, Paketdienst und Telefon. Fürs Mittagessen, das bei uns immer eine schnelle, leichte Angelegenheit ist, ist vom Vorabend thailändischer Salat mit Pomelo und Huhn übriggeblieben. Gegen sechs habe ich mein Arbeitspensum geschafft und inspiziere, während ich darauf warte, dass das Wasser für eine späte Tasse Darjeeling kocht, die Versorgungssituation. Wir sind soviel unterwegs gewesen in der letzten Zeit, dass ich eigentlich keine Lust habe, rauszugehen. Der Kühlschrank ist mit den besagten paar Stängeln Koriander, Butter und einer Tüte Käse bestückt, deren Inhalt eher unter Reste als unter üppige Auswahl fällt, dazu kommen die drei Tomaten und die Nektarine. Wie sieht es im Tiefkühler aus? Eine Portion indisches Dhal – würzige Linsen – das würde zu dem Mini-Saumagen passen, den ich beim letzten Besuch aus der Pfalz mitgebracht und für solche Gelegenheiten eingefroren habe. Aber eigentlich ist mir das zu schwer für einen Frühsommerabend. Nudeln und ein Glas Pesto sind natürlich wie immer möglich, aber ein bisschen unaufregend. Vielleicht die Tomaten halbieren und braten, mit dem Koriander darüber und das zu den Nudeln, mit ein paar Riesengarnelen aus dem Tiefkühler? Oder Riesengarnelen und aus den Tomaten und der Nektarine mit dem Koriander, einer Zwiebel und der halben Zitrone, die da noch einsam und traurig auf ihren Einsatz wartet, eine Art Salsa mischen? Frischer Chili wäre dafür natürlich gut – ein Blick ins Gemüsefach – ein etwas vertrocknetes Stück Ingwer kümmert da vor sich hin, auch nicht schlecht …

Der Teekessel stößt bereits Dampfwolken aus, ich schütte Wasser auf die Blätter, werfe dabei einen Blick auf die Uhr. Gerade als ich den Tiefkühler öffnen will, um die Garnelen zum Auftauen herauszunehmen, klingelt das Telefon. Große Überraschung – langjährige Winzerfreunde aus Rheinhessen, die ganz spontan fürs Wochenende nach Berlin gekommen sind und fragen, was wir heute Abend vorhaben. Ob wir uns irgendwo treffen könnten? Ich zögere etwas, aber nein, ich habe heute wirklich keine Lust auf irgendeine „Kneipe", nicht einmal die Kurpfalz-Weinstuben oder das Weinstein. Außerdem weiß ich, dass mein Mann garantiert ein paar Flaschen im Keller hat, die genau für diese Runde reserviert sind. „Kommt doch einfach zu uns!"

„Prima, gerne, also bis um acht ..." Ich gieße den Tee ab, bringe meinem Mann eine Tasse und erkläre ihm, warum er jetzt als Erstes mal Wein kalt stellen muss. „Was gibt es denn zu essen?" Eine berechtigte Frage. Die Salsa-Idee fällt flach, zuwenig für vier. Aber Mehl ist da, das heißt, dass ich einen schnellen Blättermürbteig machen kann – ausgerechnet heute ist natürlich kein fertiger Blätterteig im Tiefkühler –, der mit Pesto bestrichen und Tomatenscheiben und Zwiebeln belegt als Tarte eine Vorspeise abgibt. Das Dhal werde ich jetzt doch auftauen, mit dem Koriander bestreut wird es zur unkonventionellen Nudelsauce, darauf kommen ein paar Riesengarnelen. „Haben wir denn noch genug Käse, dass ich einen Rotwein vorbereiten kann?" Nicht wirklich, lautet die ehrliche Antwort darauf. Aber es ist noch Brot da, dann gibt es eben statt Käse vom Brett den guten alten Klassiker „Cheese on Toast", mit Käse überbacken! Es ist ein supergemütlicher Abend geworden.

Bevor ich mich aber jetzt hier vollends als Über-Hausfrau inszeniere, sollte ich erwähnen, dass erstens Sonntagabende auch an anderen Wochentagen nach Ladenschluss eintreten können und zweitens sich keineswegs alle esstechnischen Sonntagabend-Situationen so harmonisch und erfolgreich lösen lassen. Es kann an der Stimmung liegen oder an den Gegebenheiten, aber manchmal hilft nur noch, nach Jacke, Geld und Schlüssel zu greifen, die Tür hinter sich zuzuziehen und bei Monsieur Vuong im Café Indochine Glasnudelsalat oder Gemüsesuppe zu bestellen – wenn es in Strömen gießt, ist die Straßenbahn schließlich auch bequemer als Fahrrad fahren!

Einzelnes zusammenfügen:
IDEEN *und* KOMBINATIONEN

Auf ganz unterschiedlichen Ebenen kombinieren – Optik, Geschmack, Textur, Erlebnis-Assoziationen

Jeden Morgen aufs Neue. Ich stehe nach dem Baden vor dem Kleiderschrank und damit vor der Entscheidung: Was soll ich heute anziehen? Der erste Schritt ist einfach. Die Unterwäsche habe ich auf jeweils ein Modell reduziert – so wie ich auch jeden Tag das Gleiche frühstücke. Ich finde es einfach zu anstrengend, darüber immer wieder neu nachdenken zu müssen. Natürlich ließe sich dieser Ansatz fortführen, doch das käme dann Maos blauen Einheitsjacken gleich und wäre von enormer Langeweile. Nein, abgesehen von der Unterwäsche gibt es trotz meiner Vorliebe für Schwarzes jede Menge Möglichkeiten.

Wozu ich greife, kann einerseits von meiner Stimmung abhängen – wenn ich schlecht drauf bin, hilft eine Lieblingshose, in der ich mich besonders wohlfühle. Oder aber ich will mich mit der Frage einfach nicht auseinandersetzen und schlüpfe in die Sachen vom Tag zuvor. Andererseits spielen rein praktische Faktoren eine Rolle: Scheint die Sonne oder schneit es? Wie warm oder kalt ist es draußen? Bleibe ich am Schreibtisch oder muss ich gleich raus? Nehme ich das Fahrrad – sodass eine Hose angesagt ist – oder die S-Bahn? Habe ich einen wichtigen Termin, bei dem Jeans und T-Shirt alles andere als den richtigen Eindruck machen würden, oder treffe ich mich mit einer Freundin im Café um die Ecke? Was hängt und liegt überhaupt sauber und gebügelt vor mir? Manchmal folge ich auch einfach dem Lustprinzip, wenn mich eine bestimmte Bluse anlacht.

Wenn der erste Griff getan ist – und dieser Einstieg kann ganz unterschiedlich ausfallen, kann Hose, Bluse, T-Shirt oder auch ein Gürtel sein! –, dann führt beinahe automatisch eins zum anderen. Denn zu dieser bestimmten Hose passt abhängig von Schnitt, Sitz und Farbe nur eine bestimmte Auswahl von Shirts oder Blusen, dieser eine Gürtel und jene

Schuhe, daraus folgert wieder diese Tasche … Die Logik hinter dieser Entscheidungsreihe ist keine zwingende und vor allem keine allgemein gültige: Sie ist von meinem Gemütszustand abhängig, davon, was ich an diesem Tag vorhabe, und natürlich von meinem persönlichen Geschmack. Dass für mich hohe Absätze zu weiten Hosen einfach nicht in Frage kommen, heißt noch lange nicht, dass diese Kombination für jemand anderen nicht wunderbar passt. Wenn ich braune Schuhe an meinen Füßen grundsätzlich grässlich finde, können sie für andere doch das Größte sein. Geschmack wandelt sich mit der Zeit. Bewusst oder unbewusst reagieren wir auf einen ständigen Strom von Anregungen: Menschen auf der Straße, Werbung, Modezeitschriften …

Warum diese Überlegungen zur morgendlichen Kleiderfrage? Was hat das mit dem Fahrradfahren und vor allem dem Kochen zu tun? Ganz einfach: niemand schlägt morgens beim Anziehen zuerst ein Buch auf. Statt strikter Anweisungen hat sich nämlich mit der Zeit ein unbewusster Fundus an „Technik“, Wissen und Erfahrung angesammelt, mit dem man sich zum Endergebnis vorarbeitet. Die lange Reihe von Entscheidungen wird beinahe unbewusst Schritt für Schritt „abgearbeitet“. Beim Kochen ist es ganz genauso – vorausgesetzt, man stellt diese Tätigkeit nicht auf einen hohen Sockel, komplett mit poliertem Messingschildchen „Nur für Experten“. Alltägliches Kochen zu Hause ist eine vollkommen andere Sache als der Job der Profiköche. Die müssen im Restaurant die Versorgung einer Vielzahl von Essern logistisch bewältigen, und natürlich brauchen sie dafür Spezialistenwissen. Genauso müssen etwa Designer, die Uniformen entwerfen, ganz offensichtlich in anderen und größeren Dimensionen denken als ich morgens vor meiner Privatgarderobe. Um aber an meinem eigenen Herd für meinen eigenen Tisch zu kochen, brauche ich erst einmal nicht viel mehr als meinen gesunden Menschenverstand.

Die Ideen für Gerichte und Kombinationen, die „Rezepte“ also, entstehen genauso wie die Entscheidungen morgens beim Anziehen.

Die Ideen für Gerichte und Kombinationen, die „Rezepte“ also, entstehen genauso wie die Entscheidungen morgens beim Anziehen. Wie gesagt,

THE DIARY OF VIRGINIA WOOLF · VOLUME 4 1931-35
THE DIARY OF VIRGINIA WOOLF · VOLUME 5 1936-41
VIRGINIA WOOLF
The Waves
VIRGINIA WOOLF
The Common Reader
EMILY DICKINSON'S POEMS
Fiction
Finest Organic Food
ökologisch · biologisch · biologique · biologico
demeter ® ist das Warenzeichen für Lebensmittel aus biologisch-dynamischem Anbau

beim Frühstück mache ich mir das Leben einfach, doch schon das Mittagessen wird von vielen Faktoren bestimmt. Bei uns fällt es wenig aufwendig aus, weil wir nicht viel Zeit zum Einkaufen und Kochen haben. Im Winter gelüstet es mich eher nach etwas Warmem, deshalb gibt es meistens Suppe, im Sommer hingegen zum Beispiel einen ganz einfachen Salat, oder ein Tomatenbrot, oder Avocado auf Toast, oder gegrillte Auberginenscheiben mit einer Scheibe Feta oder Mozzarella. Aber grundsätzlich bringen mich die gleichen Gedankengänge auf „Rezept"-Ideen – ob mittags oder abends.

Wenn ich schlecht drauf bin, will ich keine Experimente, sondern richtiges „Comfortfood": ein Lieblingsessen, das mich umkuschelt wie eine alte Strickjacke, zum Beispiel gebratene Kalbsleber mit viel Zwiebeln und brauner Butter. Wenn ich vor guter Laune und Energie sprühe, dann ist mir nach einem richtigen Feuerwerk von Aromen auf dem Teller, wie etwa einem thailändischen Curry mit viel Chili. Aber die rein praktischen Faktoren wollen natürlich auch berücksichtigt werden: Frühling, Sommer, Herbst oder Winter? Wie aufwendig? Bin ich allein, sind wir zu zweit, haben wir was zu feiern, kommen Freunde? Gibt es eine besondere Flasche Wein, die wir dazu trinken wollen? Wie sieht es im Geldbeutel aus? Was habe ich überhaupt da beziehungsweise kann oder will ich besorgen?

Oder ich stehe vor dem Gemüsestand und folge dem Lustprinzip, weil mich ein Blumenkohl oder ein Bund Basilikum einfach unwiderstehlich anlacht. Dieser Einstieg kann aber auch ein „Rest" Fleisch im Kühlschrank, ein Salatkopf, ein besonders üppiger Vorrat an Käse sein – danach führt wiederum eins zum anderen. Nichts ist dabei vorgeschrieben, beinahe alle Zutaten lassen sich irgendwie miteinander kombinieren. Im Gegensatz zu vorgefertigten Rezepten anderer hat die eigene Kreativität den Vorteil, dass sie meist ganz automatisch auf Vertrautes zurückgreift und Neues nur allmählich zudosiert – seien es nun Zutaten oder Techniken. Das plötzliche Betreten von

Im Gegensatz zu vorgefertigten Rezepten anderer hat die eigene Kreativität den Vorteil, dass sie meist ganz automatisch auf Vertrautes zurückgreift und Neues nur allmählich zudosiert.

vollkommenem Neuland im Stil waghalsiger Expeditionen kann nämlich Erfahrung und Können über die Maßen strapazieren und richtig stressen.

Wir reihen ständig Gedanken zu Ketten aneinander – ich sitze am Schreibtisch, sehe ein Flugzeug oben am Himmel, das erinnert mich an eine Zeitschrift, die ich vor einer Weile während eines Fluges gelesen habe, in der stand auch etwas zu einem Thema, das mich gerade beschäftigt, und dabei fällt mir ein, dass ich meine Lektorin anrufen muss: Das ist von hinten aufgerollt einigermaßen logisch nachvollziehbar, hätte aber bei jedem einzelnen Schritt tausend andere Richtungen nehmen können. Genauso ist es mit Geschmacksketten, auch sie entspringen einem großen Strom – ähnlich dem „stream of consciousness“, mit dem Virginia Woolf in ihren Büchern arbeitet. Es können Länder und Gegenden sein, die dabei den verbindenden Hintergrund bilden, oder Farben, oder Jahreszeiten, oder die Situation, in der ich etwas zum letzten Mal gegessen habe …

Der Blumenkohl erinnert mich vielleicht an unsere Indienreise, ich könnte ihn in Röschen zerpflückt kurz kochen und mit Kurkuma, Kreuzkümmel und Koriander anbraten. Dabei fällt mir ein anderes indisches Gericht mit Erbsen und Kohlstreifen ein – warum nicht ein paar Erbsen dazu, und statt Kohl Salatblätter in feinen Streifen zum Schluss untermischen? Vielleicht sehe ich bei gelber Kurkuma aber auch plötzlich gelbe Paprika vor meinem inneren kulinarischen Auge, und daraufhin gegrillte Paprikastreifen mit Shrimps, und mache schließlich eine Shrimpssauce zum Blumenkohl! Wenn es die ersten warmen Sommertage sind, dann denke ich wahrscheinlich an viele frische grüne Dinge, die es im Winter so nicht gegeben hat, hacke also reichlich Kräuter, vermische den Blumenkohl damit und gratiniere ihn mit dem ersten frischen Ziegen- oder Schafskäse. Oder ich gerate „ins Italienische“ und mache zum Blumenkohl eine Tomatensauce wie zu Nudeln, mit viel Anchovis und Oliven als Kontrast.

Gegensätze machen nicht nur das Leben an sich, sondern auch das Essen auf dem Teller spannend.

Stichwort Kontrast: Gegensätze machen nicht nur das Leben an sich, sondern auch das Essen auf dem Teller spannend. Ich meine damit nicht nur, dass selbst ein Lieblingsessen nach spätestens drei Tagen hintereinander an Reiz verliert, sondern wie die Kombination von Blumenkohl und Kohlrabi an sich eine eher unaufregende Geschichte ist – farblich sowohl wie geschmacklich. Wenn ich aber den Blumenkohl weich koche oder dämpfe und mit etwas Sahne püriere und den Kohlrabi in Streifen in der Pfanne brate, wird das Ganze schon spannender, weil Weich-kremiges auf Röstaromen stößt. Ein paar junge Kohlrabiblätter mit in die Pfanne, und es bietet außer einem „grüngemüsigen“ Touch auch optisch noch mehr. Wenn ich Blumenkohlröschen mit einer Vinaigrette als Salat anmache, ist das ganz nett, mische ich aber ein paar Kapern darunter, sind das lauter punktuelle kleine Aromakicks. Geröstete Walnüsse oder Pinienkerne in einem Salat oder über Blattspinat sorgen für „Biss“ zwischen dem Blattwerk. Ein frischer, knuspriger, noch leicht warmer Brotkanten mit kühler seidiger Butter spielt auf ähnliche Weise mit verschiedenen Konsistenzen – aber auch Temperaturunterschieden. Kalter Senf zu heißer Bratwurst, heiße Schokoladensauce zu Vanilleeis oder auch ein Löffel kalte Crème fraîche auf warmem Rhabarberauflauf sind die Klassiker dieses Prinzips und wesentlich schmackiger, als wenn alles die gleiche Temperatur hat.

Melone mit Parmaschinken oder frische Feigen mit Gorgonzola stellen nicht nur fruchtig-süß und salzig gegenüber, sondern auch saftig-obstig, kremig-sahnig und fleischig-fest. Damit lässt sich weiterspielen, wenn man zum Beispiel zu knusprig gebratener Entenbrust oder auch Schweinebauch kleine süße Tomaten mit Essig zu einer Art Chutney kocht oder auch Nektarinenspalten mit Essig glasiert. Säure in Form von Zitrone hilft nicht nur allen hellen Saucen auf die Sprünge, sondern auch Kartoffeln, Huhn oder Fisch, genauso wie Schärfe – ob Ingwer, Chili oder Meerrettich – von sanftem Glühen bis zu gleißendem Spotlight für Action sorgt.

Der Grundsatz der Abwechslung gilt auch auf der Ebene des „Menüs“. Man braucht es ja nicht immer gleich so hochtrabend zu nennen, aber ein paar Oliven und einige Scheiben Salami zu einem Glas Wein vorweg, ein Stück Käse danach run-

Der Grundsatz der Abwechslung gilt auch auf der Ebene des „Menüs“.

den ein Essen auf angenehme Weise ab. Außer natürlich, es gibt sowieso schon Olivenhaltiges, Käsegratiniertes – dann riskiert das Ganze, ins Monotone abzugleiten. Nach einem Auberginenauflauf mit Mozzarella und Tomaten machen Erdbeeren mit einem Löffel Sahne oder ein Minze-Granité mehr Spaß als nochmals Käse. Tomate vorweg, mittendrin und als Salat ist als Orgie zur Tomaten-Hochsaison wunderbar, aber ansonsten genauso eintönig wie Lachsmousse, Huhn in Sahnesauce und ein kremiges Parfait als Nachtisch … wenn ich jetzt noch die Folge von Brotsalat, Lasagne und Pie oder Tarte als nicht ganz so gelungen anführe, dann ist wahrscheinlich klar, was ich mit Abwechslung meine. Aber auch das ist wiederum von persönlichen Vorlieben, Möglichkeiten und Gegebenheiten abhängig und kann in einem bestimmten Moment perfekt sein.

Es mag übrigens mein besonders schwaches Gedächtnis sein, aber ich habe mir angewöhnt, gelegentlich in einer Kladde zu notieren, was ich ungefähr gekocht habe – und welche Weine es dazu gab. Letzteres ist zugegebenermaßen sehr speziell, weil mich die Kombination von Wein und Essen seit einem früheren Leben als Sommelière nach wie vor besonders interessiert. Aber wenn mir gelegentlich wirklich gar nichts einfällt, ist es hilfreich zurückblättern zu können. Außerdem sorgt es auf einer anderen Ebene für Abwechslung: Ich habe damit nämlich angefangen, nachdem mir irgendwann klar wurde, dass ich einem Freund aus England, den wir nur einmal im Jahr sehen, sage und schreibe dreimal hintereinander exakt dasselbe Essen vorgesetzt hatte. Es war eben stets Sommer, es sollte unkompliziert sein, es gab jedes Mal gereiften Riesling und dann einen Spitzenrotwein. Also aßen wir jedes Mal roh marinierten Lachs als Carpaccio und dann Lamm auf gebratenem Sellerie mit Rotweinbutter – und jetzt wundert er sich wahrscheinlich, warum sich dieses augenscheinlich so fest etablierte Ritual geändert hat!

Realistisch sein – weniger ist mehr und einfacher

Essengehen war für meine Brüder und mich als Kinder immer etwas ganz Besonderes, und als Belohnung zu den Zeugnissen durften wir uns deshalb ein Restaurant aussuchen. Eine Zeitlang stand dabei das vornehme Kempinski am Kurfürstendamm ganz oben auf unserer Liste. Allerdings hätte uns der piekfeine Hummergrill – oder wie auch immer er sich damals nannte – viel zu sehr eingeschüchtert, das war nicht ganz unsere Kragenweite. Aber freitags gab es abends ein Büfett bei Kerzenschein, und das erschien uns wie ein Schlaraffenland. Das war natürlich lange, bevor ich die gastronomische Welt von der anderen, produzierenden Seite kennenlernte – heute sehe ich Büfetts als optimale Gelegenheit zur Resteverwertung mit sehr gemischten Gefühlen … Was uns damals beeindruckte, war nicht so sehr die schiere Masse, schließlich standen wir auch zu Hause nicht gerade hungrig vom Tisch auf. Nein, die Vielfalt brachte den Kick. Jeder konnte etwas anderes essen, dann aber auch noch das probieren, was der andere gerade gehabt hatte, anschließend noch ein Löffelchen von diesem oder jenem testen – paradiesische Zustände, genau das Gegenteil vom häuslichen Alltag mit einem Gericht für alle. Wir behielten diesen Ansatz später in anderen Restaurants so weit wie möglich bei: Wiederholungen und Überschneidungen bei der Bestellung wären uns wie eine unwiederbringlich verpasste Gelegenheit erschienen: „Wenn du die Seezunge nimmst, dann nehme ich das Rinderfilet!“ Aber auch dieses Verhalten, das sich natürlich keinesfalls auf unsere Familie beschränkt, ist mir inzwischen von einer ganz anderen Seite vertraut: Besonders wenn es im Restaurant gerade so richtig brummt, rasten Köche leicht aus, wenn man ihnen eine solche Bestellung in die Küche bringt: „Jeder was anderes – könnt ihr kein einheitliches Menü verkaufen?!“

Bevor ich jetzt endgültig in Erinnerungen abschweife – in diesem Punkt lässt sich fürs häusliche Alltagskochen von den Restaurantprofis etwas ganz Grundlegendes lernen. Die rasten nämlich in dieser Situation vor allem deshalb aus, weil sie wissen, wie schwierig es ist, all diese unterschiedlichen Gerichte gleichzeitig und gleich gut zu produzieren und zu servieren. Und das trotz Küchenteam, Vorbereitungen, Technik, Training! Wenn man in einem Normalhaushalt nicht ausrasten will, dann ist es essenziell, die eigenen Grenzen zu erkennen. Meine Schwiegermutter kocht eigentlich gerne und gut, doch bei den gelegentlichen traditionellen Sonntagsmittagsessen setzt sie sich total unter Druck. Sie meint, zum Rinderbraten müsse es außer Sauce, Yorkshirepudding und Kartoffeln auch unbedingt mindestens drei verschiedene Gemüse geben, bei denen wiederum zum Beispiel über den Lauch unbedingt eine weiße Sauce gehört … Ergebnis: Sie ist vollkommen geschafft, wenn sie endlich die letzte Komponente aus der Küche hereinbringt, alles ist bereits nur noch halbwarm, wenn es auf den Tisch kommt, und vollends kalt, bis alle Schüsseln und Platten die Runde gemacht haben – und die ganze Aktion trotz des ganzen Stresses sehr unbefriedigend. Eine Scheibe Fleisch mit etwas Sauce und Yorkshirepudding wäre bei weniger Aufwand zweifellos wesentlich vergnüglicher – weniger ist mehr!

> Wenn man in einem Normalhaushalt nicht ausrasten will, dann ist es essenziell, die eigenen Grenzen zu erkennen.

Das gilt auch für die Anzahl von Gängen. Selbst wenn man lieber viele Kleinigkeiten als ein großes Gericht mag, empfiehlt es sich, das Ganze so einfach wie möglich zu gestalten. Ein gelungenes Essen muss nicht aus vielen Gängen bestehen, das führt im Zweifelsfall nur zu unnötigem Stress und Stapeln von schmutzigem Geschirr. Ich möchte auch an einem „normalen“ Tag gut essen, nicht nur dann, wenn ich stunden- oder gar tagelange Vorbereitungen treffe. Realistisch sein heißt das Zauberwort – Aufwand, Zeit und Mühe stehen in keinerlei direkter, linearer Beziehung zu Stimmung und Genuss!

> Ein gelungenes Essen muss nicht aus vielen Gängen bestehen, das führt im Zweifelsfall nur zu unnötigem Stress und Stapeln von schmutzigem Geschirr.

Am meisten genieße ich dabei den ersten Schluck Wein, das erste Entspannen, mit ein paar Nibbles, wie wir in unserem englisch-lastigen Haushalt sagen, zum Knabbern. Wie gesagt, nichts Ernsthaftes, wofür man etwa Besteck bräuchte, höchstens einen kleinen Holzpieker: ein paar Oliven, ein Schälchen Nüsse, geröstetes Brot mit ein paar Tropfen gutem Öl, einige Scheiben Salami oder auch eingelegte Artischockenherzen, kleine Tomaten, Staudensellerie- und Möhrenschnitze, vielleicht mit Taramasalata oder Avocadomus zum Dippen. Alles das kann in der Küche im Stehen Spaß machen, oder auf dem Sofa, oder im Sommer auf dem Balkon – oder auch in der hintersten Gartenecke, wenn wir denn einen hätten. Danach hat man inneren Abstand vom Arbeitstag, ist relaxed genug, um sich um den Tisch zu setzen.

Wenn die Nibbles etwas umfangreicher ausfallen, ersetzen sie uns oft auch die Vorspeise. Wenn nicht, dann gilt trotzdem das Motto: Weniger ist mehr! Einfachste Variante: ich kaufe ein paar Scheiben guten Räucherlachs. Überhaupt kaufen – besser gut gekauft als schlecht und gestresst selbst gemacht. In Frankreich etwa gibt es die Tradition des Traiteurs, der eine großartige Arbeitsteilung darstellt. Er bereitet halbfertige Gerichte zu, die sich zu Hause aufwärmen beziehungsweise fertig kochen lassen, und macht auch Terrinen und Pasteten – ein paar Cornichons oder ein Löffel Chutney dazu, perfekt! Ich verstehe, dass es einen reizen kann, sich an komplizierten Terrinen oder Pasteten zu versuchen, aber nur selten rechtfertigt das Ergebnis den Aufwand. Wer hat schon einen Fleischwolf, einen Profikutter, ein Rahmensieb und jede Menge Eis zu Hause? Meist wären die einzelnen Zutaten einfacher zubereitet lustiger gewesen – oder auch eine duftende, reife Melone, kurz im Kühlschrank angekühlt, mit ein paar Scheiben Schinken. Ein alter Hut, sicher, aber das sind das Frühstücksmarmeladenbrot und der Cappuccino auch, und wer wollte daran zweifeln?

Besser gut gekauft als schlecht und gestresst selbst gemacht.

Es gibt so viele Möglichkeiten, sich das Leben einfach zu machen und trotzdem ein wunderbar entspanntes Essen in mehreren „Akten“ zu be-

KEMPINSKI

echte
Kieler Sprotten

werkstelligen. Statt der Melone können es reife Feigen zum Schinken sein. Oder ein Kistchen Sprotten mitten auf den Tisch mit Butter und Brot, oder geräucherte Makrele. Auch gekochtes oder gebratenes Rindfleisch in dünnen Scheiben oder Würfeln vom Vortag gibt mit Zwiebel, Kürbiskernöl und Meerrettich eine gute Figur ab …

So wenig wie nötig und so einfach wie möglich gilt auch beim Hauptgang. Eine Sorte Gemüse, ein Stück Fleisch oder Fisch sind in den allermeisten Fällen angemessener und realistischer als komplizierte Variationen, Kompositionen und vor allem Zubereitungen. Fleisch muss nicht erst angebraten, dann gefüllt, in Schweinenetz gewickelt, langsam geschmort, und am Ende mit einer Nußkräuter-Schlagmichtot-Kruste serviert werden – das sollen die Restaurantkocher machen, und auch bei denen wäre der einfache, direkte Weg oft der bessere! Gemüse braucht nicht blanchiert, püriert, pochiert und nochmals mit Käse gratiniert zu werden, sondern – wenn es gut ist – nur gedämpft, gedünstet oder leicht angebraten. Eine Handvoll toller frisch gekochter grüner Bohnen mit ein paar in Olivenöl gedünsteten Zwiebelwürfeln ist mir auf dem Teller ein größeres Vergnügen als ein Arrangement von einem Happen Spinat, zwei Stängelchen Lauch und einer Karotte, die dann aus logistischen Zubereitungsgründen sowieso alle gleich fad schmecken.

So wenig wie nötig und so einfach wie möglich gilt auch beim Hauptgang.

Es gibt ja Menschen, für die das große Unbekannte, das Riesenabenteuer mit ungewissem Ausgang eine unwiderstehliche Verlockung darstellen. Zu denen gehöre ich auf gar keinen Fall, am allerwenigsten in der Küche. Das hat einen ganz pragmatischen Grund: Ich koche, um zu essen und zu bewirten. Fremdes Terrain erforsche ich deshalb lieber nach und nach. Damit wir uns jetzt nicht missverstehen: Ich probiere gerne neue Sachen aus. Aber ich behalte dabei am liebsten etwas vom vertrauten, sicheren Boden unter den Füßen. Wie beim Radfahren: hier und dort einen Schlenker nach rechts oder links von der vertrauten Route, kleine Abweichungen von der Grundtechnik – erst beide Hände am Lenker, dann eine Hand, schließlich (vielleicht) freihändig. Denn es geht mir nicht um akrobatisches

Kunstradeln, sondern darum, auf möglichst vergnügliche Weise von A nach B zu kommen. Wenn man das im Hinterkopf behält, wird sich auch das Leben in der Küche wesentlich einfacher und stressfreier gestalten. So kann man nächstes Mal bei den Bohnen zum Beispiel ein wenig frischen Thymian dazunehmen, oder ein paar geröstete Pinienkerne, oder etwas frisch geriebene Zitronenschale, oder ausprobieren, wie sich ein paar in Streifen geschnittene getrocknete Tomaten dazu machen.

Auch beim Würzen ist weniger wie bereits erwähnt in den allermeisten Fällen eindeutig mehr. „Viele frische Kräuter" hört sich zwar im ersten Moment toll an, wird aber leicht zu einem geschmacksbetäubenden Durcheinander. Lieber ganz bewusst nur Kerbel, nur Schnittlauch oder nur Petersilie über geschmorte Tomaten, gebratene Champignons oder Rührei. Und gebackene Kürbisspalten entweder mit Kardamom oder mit ein paar Tropfen Ahornsirup würzen – so lässt sich auch Neues am besten erforschen und das bekannte Terrain ausweiten: sich erst einmal aufs Wesentliche konzentrieren und dann bei einem vertrauten Gericht *ein* Element ändern.

Auch beim Würzen ist weniger in den allermeisten Fällen eindeutig mehr.

Zurück zum Pragmatismus am Herd beziehungsweise zur realistischen Einschätzung des Möglichen: Wenn das Fleisch schon im Ofen schmort – was für eine grandios faule Art des Kochens das Schmoren ist, davon später Genaueres –, dann kann ich ein bisschen mehr am Gemüse herumbasteln. Wenn ich mir aber Wiener Schnitzel in den Kopf gesetzt habe, verlangen die meine ganze Aufmerksamkeit in der Pfanne, um nicht zu trocken oder zu dunkel zu geraten. Dann geht es schon in Richtung freihändig oder Einrad fahren, wenn ich dazu gleichzeitig noch auf dem Herd mit Gemüse jongliere! Eher passt etwas, das tellerbereit auf die Schnitzel wartet – auch deshalb macht die klassische Kombination mit Salat soviel Sinn. Vereinfachen und entstressen lässt sich auch die sogenannte „Sättigungsbeilage", wenn man die denn möchte. Es hört sich banal an, aber manchmal kommt man eben auf das Einfachste zuallerletzt, nämlich Kartoffeln, Reis oder Nudeln durch wirklich gutes Bauernbrot oder Baguette zu ersetzen und sich damit einen Topf auf dem Herd zu sparen. Genauso können ein paar Tropfen gutes Öl an die Stelle einer Sauce treten.

Und danach? Ein Happen Käse – ein oder zwei auf den Punkt gereifte Sorten mag ich lieber als eine Riesenkäseplatte – eine perfekte Birne, eine Handvoll Kirschen auf zerstoßenes Eis gebettet, ein paar Erdbeeren mit richtig guter Schlagsahne. Oder wenn es im Sommer ganz luxuriös sein soll, einen Teller mit *Fruits rouges*, einer Mischung aller Beeren, deren man habhaft werden kann, einfach so. Die lassen sich natürlich mit einer Kugel Eis und/oder ein paar Minzeblättern bereichern – aber notwendig ist es nicht: weniger ist mehr!

LX
150

Die Stimme aus dem Kochtopf erkennen – hören, sehen, riechen, tasten, schmecken

Jetzt melden sie sich wieder lautstark zu Wort, die zweifelnden Stimmen: Alles gut und schön, so in der Theorie, auf dem Papier … die Frau hat eben kochen gelernt, klar, dass sie keine Rezepte braucht. Die weiß einfach, wie lange Bohnen kochen müssen, eine Lammkeule im Ofen braucht, wie man ein Steak auf den Punkt brät und ein Stück Lachs dämpft!

Und ich muss natürlich zugeben, dass ich mich vielleicht etwas länger und ausführlicher als der Durchschnitt mit dem Kochen beschäftigt habe. Aber auch da ist es wie beim Fahrradfahren: nur ganz am Anfang braucht man den aufmunternden Zuruf: TRETEN!!! (oder auch die Warnung: BREMSEN!!! …) Sobald einem aber der Zusammenhang zwischen tretender Bewegung, Gleichgewicht und Vorwärtskommen klar ist, verinnerlicht man das Prinzip. Dann denkt man nicht mehr jedes Mal bewusst darüber nach, wie oft und wie stark man in die Pedale treten muss, um nicht umzufallen, langsamer oder schneller zu werden, oder wann und wie stark man die Bremse drücken muss, um anzuhalten.

Jetzt redet sie schon wieder vom Fahrradfahren – reine Ablenkung, natürlich weiß man da, wann man treten muss – spürt man doch! Aber beim Kochen …?

Spürt man's eben auch! Man muss nur nahe genug herangehen mit den Augen, den Ohren, der Nase, den Fingern. Ran an Kochtopf und Pfanne, statt sich in eine Anleitung zu vergraben; hören, sehen, riechen, tasten, was da abgeht, und vor allem schmecken! Nicht eine verallgemeinerte Angabe von Minuten und Celsiusgraden ist wichtig, sondern der eigene Geschmack entscheidet,

Nicht eine verallgemeinerte Angabe von Minuten und Celsiusgraden ist wichtig, sondern der eigene Geschmack entscheidet, wie man auf die Stimme aus dem Kochtopf reagiert.

wie man auf die Stimme aus dem Kochtopf reagiert. Ob man noch einen kräftigen Tritt in die Pedale tut oder den Bremshebel aktiviert.

Zum Beispiel bei den Bohnen: Dafür stelle ich als Erstes einen Topf mit Wasser auf den Herd, gebe Salz dazu und packe den Deckel darauf. Der Topf sollte so groß sein, dass die Bohnen darin gut Platz haben, aber in der Wassermenge nicht überdimensioniert sein, damit das Ganze nicht ewig dauert. Salz ist für den Geschmack – wie gesagt, ich bin salzsüchtig – manche sagen auch, es erhalte die Farbe, da glaube jeder, was er oder sie wolle. Der Deckel kommt drauf, weil ich die Energiekrisen der 1970er mitgemacht habe und es so außerdem schneller geht. Aus diesem Grund drehe ich auch die Herdplatte erst einmal voll auf. Das alles hat nichts mit speziellem Kochwissen zu tun, sondern mit gesundem Menschenverstand, meiner Ungeduld und meinem Geschmack. Was die Bohnen betrifft, wasche ich sie, sortiere braune – sieht man – oder angematschte – fühlt man auch – aus und schneide die Stiele ab. Meine Großmutter hat außerdem die harten Fäden an der Längsnaht abgezogen, aber die verzärtelten modernen Sorten haben so etwas meist gar nicht mehr. Wenn das Wasser richtig kocht – was man hört und sieht! – kommen die Bohnen hinein, und sobald es wieder so richtig kocht, drehe ich die Hitze so weit hinunter, dass alles in blubbernder Bewegung bleibt, aber keine lauten vulkanischen Eruptionen auf dem Herd stattfinden. Den Deckel lasse ich jetzt weg – man hat mir in der Lehre eingebläut, grünes Gemüse werde sonst grau beim Kochen. Keine Ahnung, ob das stimmt, aber so sehe ich, was im Topf vor sich geht. Das Grün der Bohnen wechselt ziemlich schnell zu einem leuchtenden Smaragd, und nach einer kleinen Weile sehen sie so richtig lecker aus. Dann ist es Zeit, eine herauszufischen, kurz abkühlen zu lassen und zu probieren – zu tasten und zu schmecken. Das entscheidet über Weitertreten oder Bremsen. Was würde mir hier eine Zeitangabe nutzen? Was weiß der Rezeptschreiber darüber, wie ich, meine Freundin Ebba, Frau X oder Herr Y ihre Bohnen mögen? Von ganz

Das alles hat nichts mit speziellem Kochwissen zu tun, sondern mit gesundem Menschenverstand, meiner Ungeduld und meinem Geschmack.

knackig bis richtig weich ist schließlich alles möglich. Wenn mir das gefällt, was ich ertaste und erschmecke, dann schütte ich den gesamten Inhalt des Topfes in ein Sieb im Waschbecken. Abschließend gibt es dann die Möglichkeit, die Bohnen kurz in kaltes Wasser zu tauchen, wodurch sie etwas leuchtender in der Farbe bleiben und genauso knackig, wie ich sie gerade probiert habe. Aber das kostet auch Geschmack und Inhaltsstoffe und spielt vor allem bei den Restaurantprofis eine Rolle, die die Bohnen jetzt typischerweise so schnell wie möglich in Eiswasser abkühlen, um sie dann im entscheidenden Moment bei einer Bestellung wieder aufzuwärmen. Zu Hause kommen die Bohnen jedoch am besten sofort auf den Teller. Meine Großmutter hat sie mit gesalzener brauner Butter und Semmelbröseln in eine warme Schüssel geschichtet, ich brate auch gern ein wenig durchwachsenen Speck mit ein paar Blättchen Thymian oder Rosmarin an, oder reibe etwas Zitronenschale darüber, oder mache ein paar in Streifen geschnittene getrocknete Tomaten in Olivenöl warm oder oder oder …

Na gut, sagen jetzt die Skeptiker, Gemüse ist einfach – aber Fleisch? Geht genauso, man muss nur hinhören, hingucken, draufdrücken, riechen, mitdenken. Wenn ich mit Butter brate, dann sehe ich, wie sich die Temperatur verändert: die Butter verflüssigt sich allmählich, dann fängt sie langsam an zu schäumen – das wiederum kann ich auch hören und riechen. Wenn sie richtig laut wird und kräftig nussig duftet, dann ist es höchste Zeit, entweder etwas in die Pfanne zu packen – was die Temperatur erst einmal schlagartig verringert – oder die Pfanne vom Herd zu nehmen. Denn das nächste Butterstadium lässt sich auch riechen: schwarz! Gerade das, was so lecker nussig schmeckt, nämlich das Milcheiweiß aus der verbliebenen Molke, also das, was in der Butter außer reinem Fett und Wasser enthalten ist, verbrennt ab einer gewissen Temperatur. Trotzdem lassen sich entgegen häufigen anderslautenden Behauptungen Steaks hervorragend in Butter braten – doch davon einige Kapitel später mehr.

> Fleisch? Geht genauso, man muss nur hinhören, hingucken, draufdrücken, riechen, mitdenken.

Auch Öl gibt zu erkennen, wann es warm, wärmer, am wärmsten ist: erst bewegt sich gar nichts, dann sieht man, wie sich allmählich runde Vertiefungen bilden, und wenn es schließlich anfängt zu rauchen, ist schleunigst Action geboten! Genauso, wenn ich etwas zum Braten in die Pfanne packe. Keine Geräusche bedeuten ganz einfach genau das: Es tut sich nichts, die Temperatur ist noch nicht hoch genug. Ein sattes Brutzeln und leises Zischen hingegen ist perfekt. Wird die Geräuschkulisse jedoch bedrohlich und ist von spritzendem Fett begleitet, dann drohen die Dinge außer Kontrolle zu geraten – oder ich habe das, was ich da braten will, nicht gut abgetrocknet, sodass Wasser auf protestierendes heißes Fett trifft.

Keine Geräusche bedeuten ganz einfach genau das: Es tut sich nichts, die Temperatur ist noch nicht hoch genug.

Und es gilt weiter: Je mehr ich höre, desto mehr geht ab in Topf und Pfanne, und wenn es richtig appetitlich duftet statt verbrannt – und auch so aussieht – dann läuft alles bestens. Ansonsten: entweder Hitze hochdrehen oder Pfanne vom Herd beziehungsweise Fleisch oder was auch immer heraus aus der Pfanne. Wie ich weiß, wann das Fleisch fertig ist? Wenn es erstens gut aussieht und sich zweitens gut anfühlt: als Ausgangspunkt empfiehlt es sich, das Steak oder was auch immer da in der Pfanne brutzeln soll, erst einmal roh zu bedrücken und betasten: Es fühlt sich ziemlich weich an, ungefähr so wie die Haut zwischen Daumen und Zeigefinger, wenn ich die Hand ganz locker lasse. Je weiter es brät, desto fester wird es: Durchgebraten entspricht einem voll abgespreizten Damen, medium liegt genau dazwischen. Genaue Zeiten zum Fleischbraten anzugeben, erschiene mir wie reine Augenwischerei: Herd, Pfanne und vor allem jedes Stück Fleisch reagieren unterschiedlich! Das gilt auch fürs Nudelkochen, fürs Grillen, fürs Schmoren und und und: was weiß ich, wie weich oder al dente, wie hell oder dunkel jemand seine Pasta, sein Gemüse, sein Lamm mag? Fertig heißt eher: Es ist ein Zustand erreicht, der mir gefällt und schmeckt.

Je mehr ich höre, desto mehr geht ab in Topf und Pfanne, und wenn es richtig appetitlich duftet statt verbrannt – und auch so aussieht – dann läuft alles bestens.

Okay, ich höre weitere Einwände: was ist bei größeren Stücken, in die sich nicht „hineingucken“ lässt? Und auf dem Herd kann man ja vielleicht die Temperatur ganz flexibel regulieren – aber im Ofen? Da braucht man doch einfach feste Angaben?! Also gut, wenn es manche beruhigt, dann gehen wir einfach mal davon aus, dass 180 °C eine wunderbare Grundtemperatur sind. Und denken jetzt nicht darüber nach, dass die meisten Herde eine ziemliche Diskrepanz zwischen der Zahl auf dem Schaltknebel/der Leuchtanzeige und der tatsächlichen Temperatur aufweisen, auf die sie daraufhin aufheizen. Wenn man ein großes Stück Fleisch in den Ofen schiebt, kann man vorher auf 200 °C oder auch 220 °C aufheizen und nach ein paar Minuten wieder auf 180 °C herunterdrehen, 160 °C tun es in vielen Fällen auch. Von der modisch angesagten Niedrigtemperatur-Garweise mal abgesehen – für die mir einfach die Geduld fehlt – verlangsamt sich unter 160 °C alles ganz entschieden. Schmoren geht noch, braten wird eher schwierig, doch dazu mehr im dementsprechenden Kapitel. Ganz allgemein gilt eben auch im Ofen: Wenn sich zuwenig tut, nichts zu hören, zu sehen, zu riechen ist, kräftiger treten, also die Temperatur hochdrehen, wenn sich die Dinge jedoch überstürzen, bremsen!

Wenn sich zuwenig tut, nichts zu hören, zu sehen, zu riechen ist, kräftiger treten, also die Temperatur hochdrehen, wenn sich die Dinge jedoch überstürzen, bremsen!

Was das Nicht-Hineingucken-können betrifft: Erst muss es mal von außen eine guten Eindruck machen. Dann möchte man natürlich wissen, ob etwa die so schön vor sich hinschmorenden Lammhaxen durch und durch weich und wunderbar, also „fertig“ sind. Also ran mit den Fingern – beziehungsweise einer Holzzange für Hitzeempfindliche – fühlt sich das Fleisch weich an (beim Schmoren verhält es sich da nämlich genau umgekehrt wie beim Braten – auch dazu später mehr), fällt es beinahe von selbst vom Knochen? Bestens, schleunigst Tisch decken und Weinflasche öffnen! Bei Hühnerschenkeln kann man auch vorsichtig mit einem kleinen Messer in die dickste Stelle hineinstechen: Wenn der Saft, der dann herausquillt, klar ist, dann gilt ebenfalls „Essen fertig“, ist er jedoch noch rötlich oder gar rot, dehnt man den Aperitif besser noch etwas aus. Und ein richtiger,

„ernsthafter" Braten, werfen jetzt die ganz Hartnäckigen ein? Darauf gibt es zwei Antworten. Die erste ist ein Zitat vom britischen Popküchenstar Jamie Oliver: „Um ein guter Koch zu sein, muss man nicht alles können, sondern nur ein paar Sachen richtig gut." Und die zweite verrate ich ab Seite 136.

Riechen, hören, sehen, tasten und schmecken sollte man übrigens natürlich nicht erst und nur dann, wenn sich in Pfanne, Kochtopf oder Ofen etwas tut. Je genauer ich wahrnehme, wie der Kohlkopf, die Tomaten oder der Fisch beschaffen ist, den ich da vor mir habe, desto besser kann ich darauf eingehen. Ist der Kohl ein zartes, lockeres Frühsommer-Exemplar der spitzen Art, braucht er weniger Zeit und Hitze als ein eher derber, schwer-kompakter Spätherbst-Rundling. Sind die Tomaten duftend, weich und schmecken süßlich aromatisch, dann erübrigt sich jegliches Doping in Form von Balsamico und/oder Zucker, und ich mache damit sicher etwas anderes, als wenn sie säuerlich und fest sind. Ist der Fisch eher von der mageren, neutralen Art wie Thun- oder Schwertfisch und in Steak- oder Filetform, dann werde ich ihn nur sehr kurz von beiden Seiten anbraten und separat etwas Saucenartiges fabrizieren. Eine ganze Dorade oder ein Zander lässt sich hingegen auf ein Zwiebel-, Lauch- oder Fenchelbett mit Olivenöl beträufelt in den Ofen schieben – der Möglichkeiten sind so viele, man braucht nur hinzuhören, auf eigene Erfahrungen zurückzugreifen und seiner Phantasie freien Lauf zu lassen.

Je genauer ich wahrnehme, wie der Kohlkopf, die Tomaten oder der Fisch beschaffen ist, den ich da vor mir habe, desto besser kann ich darauf eingehen.

Ein Kochtopf hilft, denken auch – UTENSILIEN *und* METHODEN

Minimaltechnik und Luxusarsenal – Küchenausstattung von unverzichtbar bis überflüssig

Endlich halte ich den Beweis dafür in den Händen, dass ich weder von einer merkwürdigen Nostalgie befallen bin, noch mein heutiges Verhalten lediglich auf Erziehung, Jugend, Eltern zurückgeht. Die Berliner Morgenpost berichtet von einer Londoner Studie, die ein Psychologe für eine englische Supermarktkette über die Auswirkungen von Hausarbeiten auf die Seele ausgeführt hat. Überschrift: „Geschirrspülen – fast so entspannend wie die Sauna".

Ich fand Abwaschen schon immer beruhigend, die Hände im warmen Wasser baden, sehen, was man getan hat – eine der Tätigkeiten, bei denen sich das Hirn sortieren kann. Wie gehen, wandern, laufen – im Gegensatz zu fahren oder fliegen – entspricht das Abwaschen der natürlichen menschlichen Geschwindigkeit. Es beschäftigt den Körper und befreit damit den Geist.

Im Gegensatz zu fahren oder fliegen entspricht das Abwaschen der natürlichen menschlichen Geschwindigkeit. Es beschäftigt den Körper und befreit damit den Geist.

Wenn ich Freunden und Bekannten erzähle, dass unser Haushalt keine Geschirrspülmaschine umfasst – so wie wir auch kein Auto und keinen Fernseher besitzen –, reicht ihre Reaktion von ungläubig über mitleidig bis beinahe ärgerlich, wie sich jemand so ausklinken kann – und damit vielleicht ihr eigenes Verhalten in Frage stellt. Aber ich spüle gern, sage ich ihnen. Niemand glaubt mir. Ich versuche zu erklären, dass ich beim Schreiben lieber Neil Young, Glenn Gould oder Jackson Browne als das stumpfsinnige Rattern des Geschirrspülers höre – ich weiß, es gibt ganz, ganz leise Modelle heutzutage, aber bei uns sind Küche, Bibliothek, Eß- und Arbeitszimmer quasi eins, und es stört mich doch! Geschirrspülen ist sogar oft die letzte Rettung, wenn ich mit dem Schreiben nicht weiterkomme – siehe oben. Das Ein- und Ausräumen der Maschine nimmt ebenso viel Zeit in Anspruch wie das Abwaschen, vieles von unserem Geschirr und Gläsern ist sowieso nicht maschinengeeignet – ich sehe ihnen an, dass sie nicht überzeugt sind. Zudem sind die modernen Modelle so wassersparend angelegt, dass sie mit starken Aromen in Verbindung mit Fett wie etwa beim Räucherlachs gar nicht fertig werden, sondern sie fein säuberlich auf den gesamten Inhalt an Gläsern und Geschirr verteilen – na toll.

Das einzige Argument, dass sie akzeptieren werden, lautet: Ich bin mit einer Geschirrspülmaschine aufgewachsen, soweit meine Erinnerung zurückreicht. Fairerweise muss ich an dieser Stelle natürlich zugeben, dass unser Zweipersonenhaushalt heute geringere Geschirrmengen beansprucht als wir damals zu fünft und ich konsequent nur dann Gäste zum Essen einlade, wenn sie mir die Zeit fürs Abwaschen am nächsten Tag wert sind. Aber ich habe mich mit meinen Brüdern ständig gestritten, wer mit dem Ausräumen dran sei, und das Quietschig-Übersaubere des maschinengespülten Geschirrs und die allmählich milchig stumpfen Gläser verbinden sich für mich mit der unerschütterlichen Technikgläubigkeit meines Vaters … Es ist zwar nur die halbe Wahrheit, aber das können sie verstehen: ein Kindheitstrauma, du Arme!

Als meine Eltern heirateten, sparten sie als Erstes für die Anschaffung von Geschirrspüler und Waschmaschine, noch vor dem ersten Auto, wie mein Vater bis heute betont – das Auskochen meiner Stoffwindeln auf dem Herd war bis dahin bestimmt ein recht zweifelhaftes Vergnügen. Über die Jahre hinweg baute sich dann der heute allgemein übliche „Maschinenpark“ von der Braun-Küchenmaschine, einem Hochzeitsgeschenk meiner Großmutter, über Toaster und Eierkocher, Kaffee- und Teemaschine bis hin zur Dunstabzugshaube und Mikrowelle auf. Kocht es sich dadurch besser oder leichter?

Ich persönlich bezweifle es und ziehe wie beim Geschirrspülen meistens den direkten, aktiven, unkomplizierten Weg vor. Ich will spüren, was da unter meinen Händen passiert! Deshalb mag ich auch weder Schnellkochtöpfe noch hochmoderne Dampfgargeräte. Eine Kartoffelsorte braucht ein wenig länger als die andere, aber das sieht man ihr vorher nicht an, sondern stellt es durch beherztes Zustechen mit dem Messer fest: kann noch, ist fertig … genau dieses Direkt-am-Geschehen-Sein, Sofort-eingreifen-Können ist wichtig, um die Stimme aus dem Kochtopf hören zu können, ein Gefühl für Zeiten, Mengen, Temperaturen zu entwickeln.

Genau dieses Direkt-am-Geschehen-Sein, Sofort-eingreifen-Können ist wichtig, um die Stimme aus dem Kochtopf hören zu können, ein Gefühl für Zeiten, Mengen, Temperaturen zu entwickeln.

Was brauche ich also in der Küche? Natürlich einen *Kühlschrank* und einen *Tiefkühler*, Technikskepsis hin oder her. Die Zeiten der Speisekammer sind in Neubauten leider vorbei, und es gibt auch nichts Besseres, als an einem stressigen Arbeitstag einfach eine fertige Portion Suppe eigener Fabrikation aufzutauen. Doch gleich nach diesen beiden vorratstechnischen Grundpfeilern rangieren ein *Brotbrett* und ein *geriffeltes Brotmesser*. Vorgeschnittenes Brot ist für mich schlichtweg kein Thema, weil es bis auf wenige Ausnahmen durch industrielle Nichtqualität auffällt, während eine elektrische Brotschneidemaschine nicht nur die Armmuskeln verkümmern lässt, sondern auch zu viel Platz beansprucht, unweigerlich verdreckt und mit älterem Brot sowieso nicht zurechtkommt. Okay, neben dem Brotbrett steht ein Toaster, weil mir so gut wie jedes Brot getoastet noch besser schmeckt und der Grill im Backofen zwar bessere Ergebnisse bringt, ihn für jede Scheibe zu aktivieren aber Stromverschwendung wäre.

Zur Grundausstattung im wahrsten Sinne des Wortes gehören außerdem *zwei Schneidbretter* unterschiedlicher Größe, und zwar ganz einfache aus Holz, die ich seit über zehn Jahren benutze und als appetitlicher und hygienischer empfinde als jeden Kunststoff, dessen Oberfläche mit der Zeit immer rauer wird. Ich bin relativ diszipliniert, was die Pflege der Bretter betrifft: Sie liegen nicht lange schmutzig herum, sondern werden möglichst direkt unter heißem Wasser abgeschrubbt, mit einem Schwammtuch abgewischt und zum Trocknen an die Wand gelehnt. Gerüche können sich so gar nicht erst entwickeln. Allerdings bleibt natürlich unmittelbar nach dem Zwiebelschneiden immer ein Hauch davon zurück – was dann besonders fatal ist, wenn als nächstes frisches Obst aufs Brett kommt und mir in Restaurants bei Obstsalat und Co. oft genug den Genuss verdirbt. Einfache Abhilfe: Süßes – und wirklich nur das! – kommt auf der Rückseite der Bretter unters Messer. Wenn die von der Form nicht erkennbar ist, schafft ein eingeritztes Zeichen Orientierung.

Meine *Messersammlung* ist ein buntes Durcheinander, von einfachsten mit Plastikgriff bis zu einem professionellen großen Kochmesser und einem so genannten Ausbeiner mit schmaler spitzer Klinge – aber wenn ich ganz ehrlich bin, brauche ich davon eigentlich nur ein kleines Küchenmesser mit leicht gebogener Klinge und mein Lieblingsmesser. Das hat mein Mann aus seinem Junggesellen-WG-Haushalt in London mit in die Ehe gebracht: ein gerades Kochmesser mit ungefähr 15 Zentimeter langer Klinge, angeschmiedetem Schaft und schwarzem Griff der ehrwürdigen französischen Firma Sabatier. Es ist nichts Außergewöhnliches, aber aus gutem Stahl, sieht auch auf dem Käsebrett ästhetisch aus und liegt mir einfach gut in der Hand. Und das ist das Wichtigste, nicht die neueste weltraumgetestete Stahlverbindung oder der Griff aus hundertjährigen Eichenfassdauben; das darf alles sein, wenn man viel Geld investieren möchte, aber für ein vergnügliches Ergebnis auf dem Teller ist es kein Muss, da geht es einfach nur darum, gut zurechtzukommen mit dem Schneidewerkzeug in der Hand. Wenn man auf große Braten steht, dann ist ein größeres Kochmesser nützlich, zum Filetieren von Fisch außerdem ein Filetiermesser mit biegsamer Klinge, und sollen regelmäßig ganze Räucherlachsseiten in Scheiben geschnitten werden, dann macht sich ein ebenso biegsames, aber längeres Lachsmesser gut – ansonsten trägt das alles nur dazu bei, den Geldbeutel leichter und die Schubladen voller zu machen!

Viel wichtiger ist es, nach einem guten (!) *Messerschleifer* Ausschau zu halten, der ungefähr einmal im Jahr die Klinge wieder auf Vordermann bringt, ohne sie zu massakrieren. Profiköche und Metzger wissen oftmals einschlägige Adressen, auch ein guter Messerladen wird sicher weiterhelfen können. Ansonsten reicht es, gelegentlich einen *Wetzstahl* zur Hand zu nehmen, den ich wirklich unentbehrlich finde. Er ist ganz einfach zu handhaben, wenn man es einmal geübt hat: Stahl in die linke, Messer in die rechte Hand (Linkshänder andersherum), Messerklinge mit sanftem Druck und in flachem Winkel dicht am Schaft am oberen Ende des Stahls ansetzen und so zur Seite und hinunterziehen, dass die Klinge unten mit ihrer Spitze ankommt, dann dieselbe Prozedur mit der anderen Seite der Klinge auf der Rückseite des Stahls. Zuerst langsam üben – auf die Finger am Griff des Wetzstahls aufpassen! – dann etwas schneller werden … na also, geht doch! Was ich als Ergänzung zu meinem Messer-Durcheinander nicht missen möchte, ist ein mittelgroßes *Beil*, das ich für wenig Geld in einem chinesischen Supermarkt erstanden habe: Es schneidet Fleisch ebenso gut, wie es nicht zu massive Knochen kleinkriegt.

Meine Skepsis gegenüber Technik und angeblichem Fortschritt bedeutet nun nicht etwa, dass ich das Kleingeschnittene ausschließlich roh verzehre oder auf dem Balkon ein Holzfeuer entfache. Ganz im Gegenteil, ich habe mir sogar einen *Herd mit Backwagen* geleistet, weil ich es mühsam finde, jedes Mal die Tür herunterzuklappen, mich hinunterzubeugen, das Blech mit topflappenbewehrter Hand herauszuziehen … So ist es ein Griff, ein prüfender Blick und gegebenenfalls ein leichter Stoß mit dem Knie, um das Ganze wieder in den Ofen zu befördern. Auf dem Herd geht es bei mir hingegen ganz simpel zu: vier runde Elektroplatten in einer Edelstahlmulde, basta. Hobbyköche behaupten ja gern, nur auf Gas könne man wirklich gut kochen – und hätten am liebsten einen messingblitzend-nostalgisch französischen Profiherd, der in der Küche genauso viel hermacht wie die Luxuslimousine vor dem Haus. Hausfrauen inklusive meiner Mutter stehen auf Ceran-Kochfelder, weil sie sich gut säubern lassen. Die Profis machen für Induktionsherde Reklame. Alles wunderbar: Ich behaupte, dass es sich privatim auf allen Herden gut kochen lässt, sobald man sich auf die jeweiligen Gegebenheiten einstellt. Gas reagiert schneller und punktueller, Elektro braucht länger zum Aufheizen, Kochfelder funktionieren nur mit Töpfen mit schweren, ganz planen Böden, und selbst dann ist die Hitzeübertragung nicht gerade spitze. Ganz fuchsig machen mich allerdings Herde, die über „hochelegante", in das Kochfeld integrierte Sensorfelder reguliert werden: sie sind so hyperempfindlich, dass sie bei feuchtem, zu langem, zu kurzem oder was weiß ich ihnen nicht passendem Fingerdruck oft gar nicht reagieren ... Und was die Induktionsherde angeht, die sofort volle Power bringen, wenn ein Topf daraufkommt: Das ist für eine Profiküche super, ich investiere dieses Geld lieber in den Inhalt meiner Töpfe.

Was die Induktionsherde angeht: das ist für eine Profiküche super, ich investiere dieses Geld lieber in den Inhalt meiner Töpfe.

Stichwort *Kochtopf:* Da habe ich allerdings einiges investiert, nicht zuletzt aus Bequemlichkeit. Die gusseisernen, emaillierten Töpfe von Le Creuset verteilen und halten nämlich nicht nur die Hitze bestens, sie lassen sich auch derart problemlos säubern, dass ich beinahe ausschließlich mit ihnen arbeite und einen Satz Edelstahltöpfe nur noch als Reserve ganz hinten im Schrank stehen habe. Klar, es gibt Kupfer, Sandwichböden und was weiß ich noch alles – nach meiner Erfahrung ist das alles unnötig und ein bisschen, wie mit Kanonen nach Spatzen zu schießen. Drei Stück, rund, in unterschiedlicher Größe, mit Deckel, und als Luxus ein großer ovaler Schmortopf für gelegentliche Braten, Ossobuco oder auch die seltenen Male, wenn mich die große Marmeladenleidenschaft überkommt. Von Le Creuset sind auch die zwei *Pfannen* unterschiedlicher Größe und eine mittelgroße runde Gratinform, während der Spargelkochtopf, in dem die Stangen aufrecht in einem Korb stehen und im Dampf garen, aus einfachem Blech besteht, aber bestens funktioniert. Er erspart einem das Hantieren mit riesigen Töpfen voller Wasser, und der Spargel schmeckt um so spargeliger. Dasselbe gilt für den *Dämpfaufsatz*, der wahrscheinlich von meiner englischen Schwieger-Großmutter stammt und mit seinen Beulen sicher schon Tonnen von Gemüse und unzählige Puddings hinter sich hat. Brokkoli, Blumenkohl, Bohnen lassen sich darin bestens garen, aber auch Lachsfilet, wenn man die gelöcherte Fläche vorher leicht einölt, damit der Fisch nicht hängenbleibt. Hätte ich dieses Erbstück nicht, würde ich mir einen chinesischen Dampfkorb aus Bambus kaufen, der fürs Reiskochen noch geeigneter ist – der Alu-Dämpfaufsatz muss dafür mit einem feuchten Tuch ausgelegt werden.

Das Sammelsurium von Blechen und Backformen, das nur bei präzisem Stapeln ganz unten in den Schrank passt, besteht zugegebenermaßen auch aus einigen eher nostalgischen als praktischen Teilen, aber drei kleine flache *Bleche* sind unentbehrlich. Auf sie kommt alles, was mengenmäßig kein großes Backblech erfordert – das immer ein bisschen unhandlich ist beim Spülen – ob Gemüse zum Grillen oder Käse- oder Anchovishappen aus fertigem Blätterteig für den Aperitif. Und ein mittelgroßes Blech mit hohem Rand ist prima für Brathuhn, Lammkeule oder Ofenkartoffeln.

Was habe ich noch in meinen Schränken? Einen Satz *Edelstahlschüsseln*, die auch mal in den Ofen können, um einen Rest unproblematisch zu wärmen, und ein paar geerbte, schon ziemlich ramponierte *Plastikschüsseln*, von denen die kleineren eigentlich Puddingformen sind, die in den Dampfaufsatz passen und ab Ende Oktober bis nach Weihnachten mit Christmas-Pudding belegt sind. Eine organisch gewachsene Mischung von *Gefrierbehältern*, weil ich übriggebliebene Suppen und Saucen lieber einfriere, als tagelang das Gleiche zu essen. Einen *Mörser* für Gewürze, besonders thailändische Pasten aus Ingwer, Galgant, Chili und Co. Eine *Kastenreibe* für Rettich, Möhren, Äpfel, eine kleine *Spezial-Ingwerreibe*, bei der sich die Ingwerfasern leichter entfernen lassen, und eine *Parmesanreibe* mit Kurbel, einer kleinen Schublade und einer Klappe unten, so dass nichts herauskrümelt und man den Käse ein paar Tage darin lassen kann. Außerdem natürlich einen *Dosenöffner*, denn Kokosmilch gibt es zwar mittlerweile im Tetrapak, aber Schältomaten und Tomatenpüree sind in guter Qualität – am besten aus San Marzano – einfach unverzichtbar. Wie auch ein *Korkenzieher* für den Kochwein – jedenfalls so lange, bis vielleicht irgendwann noch mehr Winzer die Vorzüge des Schraubverschlusses erkannt haben. Und schließlich einen *Sparschäler*, und zwar den Klassiker von Fackelmann, der in meinen Augen einfach eine geniale Erfindung ist, weil er für alles von Kartoffeln bis Spargel funktioniert. Meine Mutter schält grundsätzlich mit einem kleinen Küchenmesser, aber dazu habe ich einfach keine Geduld.

Für grammgenaues Abwiegen beim Backen gehört zu meiner Ausrüstung eine elektronische *Waage*, außerdem gibt es einen *Messbecher*, *Siebe* und *Schneebesen* jeweils in zwei Größen, *Schaumlöffel*, *Pinsel*, eine ganze Sammlung von *Holzlöffeln* sowie eine superpraktische schmale *Holzzange*. Mit ihr lässt sich das heiße Brot aus dem Toaster fischen, Fleisch in der Pfanne wenden, nebenbei im Gemüse rühren … Ebenso unverzichtbar sind für mich die *Salatschleuder*, weil das schönste Dressing nichts hilft, wenn an den grünen Blättern noch ein halber Liter Wasser hängt, und eine richtig große *Salatschüssel*, in der sich Blätter und Dressing für vier Personen innigst verbinden lassen, ohne dass dabei die Hälfte auf dem Küchentisch landet. Und schließlich und endlich hätte ich echte Probleme, wenn man mir meinen *Zauberstab* wegnähme, neben dem Sparschäler der zweite Anwärter auf den Titel „geniale Erfindung". Ohne umständliche Umfüllerei in einen Mixer püriere ich damit Suppen, schäume Milch und Saucen auf und zermuse Avocado oder Erdbeeren – und danach wandert er wieder in seine Schublade statt in der Gegend herumzustehen, Platz wegzunehmen und einzustauben! Ich habe zwar auch eine *Küchenmaschine* mit einem propellerförmigen sogenannten Kuttermesser, aber die kommt eher für Teige zum Einsatz. Der Vollständigkeit und Ehrlichkeit halber seien hier auch die elektrische *Zitruspresse* – für die tägliche Vitaminzufuhr im Winter – und die *Kaffeemühle* angeführt – frisch gemahlen schmeckt einfach besser, auch bei Gewürzen. Die ovale chinesische *Wurzelbürste* zum Kartoffelschrubben ließe sich hingegen auch mit der grünen Seite eines ganz normalen Topfschwamms ersetzen – aber ich fand sie in einem chinesischen Küchenladen in San Francisco so hübsch, dass ich sie einfach kaufen musste.

Küchenläden üben auf mich generell eine unwiderstehliche Anziehungskraft aus, besonders in fremden Städten und Ländern. Deshalb besitze ich auch zwei wunderschöne *Palettenmesser* sowie einen Satz *Metallringe* aus dem Küchenparadies Saint Hillerin in Paris, einen *Kokosnussreißer* und ein *Wellenmesser* zum formschönen Schneiden von Papaya aus Chiang Mai in Nordthailand und ein handgeschnitztes *Rollholz* für Chapatifladenbrot aus Ooty in Südindien … Alles nicht essentiell, aber zumindest nicht so kitschig wie manche Standard-Andenken. Von Zeit zu Zeit nehme ich mir vor, die große Schublade auszumisten, in der der Großteil meiner technischen Hilfsmittel in friedlichem Chaos vereint ist, und mich von ein paar Sachen zu trennen. Aber meistens bleibt es beim guten Vorsatz, und ich rangiere auch die *Sorbetière* nicht aus, obwohl ich sie seit Jahren nicht mehr benutzt habe. Sie stammt wie eine Sammlung verschiedener *Förmchen* und ein paar *Passiertücher* aus den Tagen, als ich noch meinte, wenn Gäste kommen, müsse es wie im Restaurant zugehen. Muss es eben nicht, und deshalb ist auch alles hier Beschriebene kein Muss, sondern die Ausrüstung, mit der ich gerne koche und gut zurechtkomme – wer Sorbetière oder auch eine Brotmaschine wesentlich wichtiger findet als eine Wurzelbürste: wunderbar! Wer in blitzendes Edelstahldesign investieren möchte: prima! Essentiell für Vergnügen und Gelingen in der Küche ist es nicht.

Wer in blitzendes Edelstahldesign investieren möchte: prima! Essentiell für Vergnügen und Gelingen in der Küche ist es nicht.

Die Lammkeule und das stumpfe Messer

Ich komme mir vor wie ein Neandertaler beim Zerlegen eines Mammuts – aber deren steinerne Faustkeile waren wahrscheinlich effektiver als das winzige Küchenmesser mit dem roten Plastikgriff, mit dem ich leicht verzweifelt an einer wunderschönen Lammkeule herumhantiere. Endlich kriege ich den Röhrenknochen von oben zu fassen, jetzt kann ich zumindest mit der Klinge am Knochen herunterschaben! Wäre ich nur auf das freundliche Angebot des weißbeschürzten Fleischers eingegangen ... „Soll ich Ihnen die Keule ausbeinen?", hatte der ältere Herr gefragt, und darauf von mir ohne groß nachzudenken ein bestimmtes „Nein danke!" zu hören bekommen. Ich hole die Knochen grundsätzlich lieber selbst aus meinem Fleisch. Außerdem hatten wir noch eine längere Autofahrt vor uns, der Braten war erst für den darauffolgenden Abend geplant, und es war Sommer – je weniger zerlegt, desto besser hält sich so ein rohes Stück Tier.

Wir hatten drei Tage lang in Suffolk an der englischen Nordseeküste ausgespannt. Ausschlafen, beim Joggen die erste frische Meeresbrise, dann lange Wanderungen durch die moorige Heidelandschaft und am kieseligen Strand entlang ... Bevor wir zurück nach London fuhren, hatten wir dem Fleischer an der malerischen Hauptstraße des kleinen Städtchens einen Besuch abgestattet. Es war ein echter Bilderbuch-Laden, wie man sie heute nur noch selten findet, sei es nun in England oder Deutschland: weißgefliest, der Meister selbst mit dem in England typischen weißen Hut, hinter ihm Fleischstücke an großen Haken zum Reifen aufgehängt. Die Lammkeule war genau das Richtige für das Abendessen, das wir unseren Freunden versprochen hatten, bei denen wir die nächsten zwei Nächte verbringen würden – Freunde mit Gästezimmer im Zentrum Londons sind mindestens eine Spitzen-Lammkeule wert! Beim Fischhändler einige Türen weiter erstanden wir außerdem eine angemessene Menge Räucherlachs, in einem Farmshop gab es frisch gepflückte grüne Bohnen, Thymian und Petersilie. Bester Laune fuhren wir gen London. Als wir uns schließlich durch Ring- und Einbahnstraßen bis ins Zentrum durchgekämpft hatten, war es schon spät – wir packten die Viktualien in den Kühlschrank, tranken noch ein Glas Wein mit unseren Freunden und fielen erschöpft und glücklich ins Bett, nachdem uns Alarmanlage und Schlüsselsystem erklärt worden waren.

Unsere Freunde waren längst aus dem Haus, als wir am nächsten Morgen aufstanden. Wir frühstückten ganz entspannt. Normalerweise bedeutet London für uns den ziemlich weit draußen gelegenen Vorort, in dem meine Schwiegermutter wohnt – welch ein Luxus, diese Stadt ohne längere Bahnfahrt wahrhaftig vor der Haustür zu haben! Wir ließen uns driften zwischen Soho und Hyde Park, statteten den Rembrandts in der National Portrait Gallery einen Besuch ab und kauften eine Auswahl großartiger englischer Käse bei Neal's Yard Dairy, dem Londoner Mekka für Käsefans. Allein sich zwischen den vier verschiedenen Sorten Cheddar zu entscheiden ... Dann noch ein Stück Luxus in Brotform vom Pariser Starbäcker Poilâne – wie gesagt, ein Gästezimmer im Zentrum Londons! – ein Bier in unserem Lieblingspub, dem French House in der Dean Street, und auf nach Hause, in die Küche!

Vor acht Uhr waren unsere Freunde allerdings nicht zu erwarten; die beeindruckende Wohnung mit Garten und Gästezimmer der beiden erfolgreichen Banker kam nicht von ungefähr. Genug Zeit also, und übermäßig viel zu tun gab es sowieso nicht. Der Räucherlachs war vorgeschnitten, der Käse brauchte bloß auf einer passenden Platte arrangiert zu werden, Brot und Butter dazu – leuchtend gelbe, duftende Jersey-Butter von Neal's Yard. Die Bohnen waschen, putzen und knackig kochen, dann mit dem Thymian und ein bisschen Olivenöl in der Pfanne warm machen. Wein haben wir aus unserem Berliner Keller mitgebracht – wir scheinen grundsätzlich mit einem Karton Wein zu reisen – und schon morgens kaltgestellt. Tischdecken gehört zu den Aufgaben meines Mannes als „Küchensklave", er ist richtig gut darin, auch in fremden Haushalten alles Nötige aufzuspüren – ich musste eigentlich nur die Lammkeule in einen ofenfertigen Zustand bringen.

MELTON
Heroes

HOUSE
The French House
RICARD

NEW SEASON

Ich holte das Prachtstück aus dem Kühlschrank und sah mich nach einem Brett um: bei mir in Berlin lehnen sie einfach neben der Spüle an der Wand, doch da standen hier nur ein paar kleine Frühstücksbrettchen. Ich öffnete einen Schrank nach dem anderen, Fehlanzeige. Na gut, kein Problem, vielleicht war ich einfach blind, der Küchentisch tat es schließlich auch! Aber ein Messer war essenziell. Ich machte mich erneut auf die Suche, wurde aber in keiner der Schubladen fündig. Das konnte doch nicht sein! Ich inspizierte den Inhalt der Spülmaschine – wenn auch meiner Meinung nach gute Küchenmesser da nichts zu suchen haben – aber auch hier nur normale Tafelmesser... Schließlich entdeckte ich auf dem Fensterbrett dieses kleine bescheidene Messerchen mit dem roten Plastikgriff. Ob ich wollte oder nicht, ich musste damit zurechtkommen – bis unsere Freunde zurückkehren und mir verraten können, wo sie ihre Küchenmesser versteckt haben, ist es zu spät, um der Keule zu Leibe zu rücken und aus den Knochen etwas Saucenartiges zu zaubern! Ich könnte das Ding natürlich auch mitsamt dem Knochen in den Ofen schieben – aber in gebratenem Zustand wird das Zerlegen ohne geeignetes Werkzeug noch schwieriger...

So stehe ich also hier, schiebe den Gedanken an mein Lieblingsmesser, das friedlich in seiner Schublade in Berlin liegt, entschlossen zur Seite und säbele zuerst an den Sehnen herum, die den Röhrenknochen oben mit dem Fleisch verbinden. Sind die erst einmal rundherum gelöst, dann lässt es sich wie gesagt mit der Klinge einfach am Knochen entlang nach unten schaben. Naja, „einfach" ist in diesem Fall relativ, hoffentlich hält das Messer die Strapazen durch! Nächste Problemstelle ist das Knie, besonders die knorpelige Kniescheibe ... Ich gerate richtiggehend ins Schwitzen. Gibt es hier keinen Kochwein? So ein Schlückchen Riesling täte mir jetzt gut. Mein Mann muss sowieso einspringen und die Bohnen putzen, die Fleisch-Säbelei dauert viel länger als geplant.

Da ist er auch schon, glücklicherweise vollkommen gelassen und gut gelaunt, der Tisch ist gedeckt, er hat Kerzen und Servietten gefunden, auch brauchbare Weingläser. Das leicht chaotische Sammelsurium in den Schränken passt nicht so richtig zu dem tüchtigen Banker-Image unserer Freunde, ist aber irgendwie sympathisch – wenn man mal von den Küchenmessern absieht. Ich bekomme einen Schluck Riesling, dann macht er sich an die Bohnen; dafür tut es auch ein Tafelmesser. Ich arbeite mich entschlossen weiter vor. Das Innenleben der Keule gleicht inzwischen einem Hackbraten vor lauter Rumgeschnipsel – keine Spur von den langen, eleganten Schnitten, die man mir in der Lehre eingebläut hat! Aber das sind hier schließlich auch erschwerte Bedingungen. Endlich halte ich die Knochen in den Händen. Gleich in einen Topf damit, mit ein bisschen Butter angebraten – das ist zwar unorthodox, gibt aber Geschmack – und ein paar von den Zwiebeln dazu, auf die ich bei der Suche nach dem Messer gestoßen bin. Die halbe Flasche australischer Chardonnay im Kühlschrank ist sicher schon länger offen, die passt genau für die Sauce – rein damit. Mit ein bisschen Wasser aufgefüllt, damit die Knochen bedeckt sind, ein paar Thymian- und Petersilienstängel dazu und dann einfach leise kochen lassen; wir werden sehen, was dabei herauskommt.

Die knochenlose Keule sieht auch an den Enden ziemlich zerfleddert aus, aber ich bin froh, überhaupt so weit gekommen zu sein. Salz und Pfeffer innen, kurzentschlossen auch die Petersilie, und schließlich schneide ich die schlimmsten Fetzen am Knieende ab und stopfe sie einfach mit ins Innere, optisch kommt das auf alle Fälle besser. Ofen vorheizen. Zumindest gibt es ein passendes Backblech. Ich gucke auf die Uhr: es ist noch ein bisschen zu früh, um das gute Stück zu braten. Die Sauce kocht vor sich hin, die Bohnen warten auf ihren Einsatz – ich habe Zeit, um unter die Dusche zu springen und mir die feuchtwarme Londoner Luft abzuspülen.

Während ich mich abtrockne, höre ich unsere Freunde nach Hause kommen. Ich schlüpfe in ein neues T-Shirt und einen Leinenrock. Jetzt bin ich wirklich sehr gespannt, wo sie die Messer versteckt haben! Als ich die Treppe hinaufkomme ins Wohnzimmer, liegt mir die Frage schon auf der Zunge. Doch da sehe ich, dass die beiden am Klavier sitzen, und die ersten Töne bringen mich sofort zum Verstummen. Wer hat je an einem Londoner Sommerabend Schumann-Lieder zum Aperitif vorgetragen bekommen? Mein Mann zündet die Kerzen an und lässt zur Geschichte von Knabe und Röslein diskret einen Champagnerkorken ploppen. Jetzt passt das Durcheinander in den Schränken schon eher ins Bild ... Ich denke gerade noch daran, das Fleisch in den Ofen zu schieben, dann gebe ich mich ganz der beinahe märchenhaften Atmosphäre hin, die von den beiden am Klavier ausgeht.

Ich kann mich nicht mehr genau erinnern, ob aus den Knochen eine richtige Sauce geworden ist und welche Weine wir getrunken haben, aber das Gesamtergebnis war von einem Zauber und einer Köstlichkeit, die weit über exakt gebratenes Fleisch und auf den Punkt temperierte Weine hinausging. Das Kulinarische war eine wichtige Grundlage, aber keinesfalls der Mittelpunkt. Erst als wir uns am nächsten Vormittag verabschiedeten, nach einem ausgedehnten samstäglichen Frühstück, fiel mir die Messerfrage wieder ein: „Ach, ich mag keine Messer", bekam ich darauf zur Antwort – und so merkwürdig das jetzt klingen mag, machte es doch irgendwie auch Sinn. Logik und Perfektionismus haben glücklicherweise ihre Grenzen.

Salate dressieren – warm und kalt, schlicht und üppig

„Da haben wir den Salat!" – das klingt nicht gerade nach Ordnung und Ruhe, sondern eindeutig negativ. Das hat die Sache an sich nicht im Geringsten verdient – wo wären wir ohne Salat?! Und Chaos ermöglicht schließlich auch Kreativität und Neues. Allerdings deutet dieser Ausruf auf das oft sträflich vernachlässigte Grundprinzip für einen gelungenen Salat der konkreten Art. Unabhängig von seinen Bestandteilen muss er nämlich vor allem gründlich gemischt und durcheinander gebracht werden, erst dann „haben wir den Salat"!

Was überhaupt ist ein Salat? Jedwedes Durcheinander? Im Ursprung ist es eine eher schlichte Angelegenheit – aber wie auch in der Mode ist Schlichtheit oftmals anspruchsvoller als Üppigkeit, welche Ungenauigkeiten großzügig kaschiert.

Was macht einen guten Salat aus? Beginnen wir beim Einfachsten, den Blättern. Da gibt es die milden, eher bisszarten: den guten alten Kopfsalat, der im Frühsommer aus dem Freiland nicht zu unterschätzen ist, die dunklen Vertreter Eichblatt und Lollo Rosso und den herbst- und winterlichen Feldsalat. Knackiger sind: Chicorée, dem die ursprüngliche Bitterkeit züchterisch heute nahezu vollständig ausgetrieben worden ist, Eisbergsalat und Chinakohl für den, der es eher neutral mag, oder junge Spinat- und Mangoldblätter für einen „gemüsigeren" Touch. Pfeffrig-scharf schmecken: Rauke beziehungsweise Rucola, der dekorative japanisch-stämmige Mizuna sowie Brunnen- und Kapuzinerkresse. Löwenzahn, Radicchio oder Trevisano, Endivie und Frisée bringen hingegen deutlich bittere Noten mit ins Spiel, besonders die älteren, dunkleren Außenblätter.

Verschiedene Sorten von Blattsalaten zu mischen mag optisch beeindrucken, aber weniger ist auch hier eindeutig mehr, besonders wenn man geschmacksintensive Sorten verwendet. Wer hat außerdem mehrere Salatköpfe gleichzeitig im Einsatz? Der französische Mix *Mesclun* funktioniert nur deshalb so gut, weil er aus sehr jungen, im Geschmack noch nicht sehr ausgeprägten Blättern besteht. Die bereits geputzten, vorgewaschenen Fertigmischungen aus dem Kühlregal sind natürlich verlockend, geschmacklich aber eher auf der neutralen Seite, dieser Faktor ist da längst auf der Strecke geblieben.

Was uns zum nächsten Schritt bringt: wie Salat am effektivsten aufbewahren, putzen, waschen? Ganze Salatköpfe halten sich mit ein paar Spritzern Wasser in einer Plastiktüte oder in ein feuchtes Tuch gewickelt mehrere Tage im Gemüsefach. Bereits geputzt und gewaschen überstehen sie mindestens 24 Stunden. Wenn uns auch die Ernährungsexperten wegen der ausgeschwemmten Inhaltsstoffe Salatköpfe am liebsten nur im Ganzen waschen ließen – ich finde, es geht schneller, wenn man die Blätter vorher vom Strunk trennt, dabei gleich Unbrauchbares aussortiert und erst dann in reichlich kaltem Wasser wäscht, das heißt richtig bewegt. Schließlich schnell von oben herausheben, so dass Sand und Co. im Becken bleiben – nur bei müdem Blattwerk ist zur Wiederbelebung eine längere Badezeit indiziert.

Ganze Salatköpfe halten sich mit ein paar Spritzern Wasser in einer Plastiktüte oder in ein feuchtes Tuch gewickelt mehrere Tage im Gemüsefach. Bereits geputzt und gewaschen überstehen sie mindestens 24 Stunden.

Es folgt der Einsatz der Salatschleuder, die für ein gutes Endergebnis wirklich unerlässlich ist – was hilft das beste Öl und der teuerste Essig, wenn auf den Blättern noch literweise Wasser hängt? Ebenso wichtig ist eine große Salatschlüssel, in der sich gründlich mischen und durcheinanderbringen lässt, ohne dass Küchentisch und/oder Fußboden Teil des Geschehens werden. Und damit wären wir beim Thema Salatsauce – wie den Salat dressieren, also ihn geschmacklich mit Säure, Fett und Würze in Form bringen, ohne ihn zu tyrannisieren, zu knebeln und zu knechten?

Harmonie und Ausgleich sind das A und O einer guten Dressur. Das ist auch das Problem mit fertigen Salatsaucen – abgesehen von lauter klein

Harmonie und Ausgleich sind das A und O einer guten Dressur.

gedruckten Ingredenzien, die niemand, der klar denkt, wirklich auf dem Teller haben will –, sind sie meistens viel zu einseitig abgeschmeckt. Der Gastrosoph Brillat-Savarin erzählt in seiner 1825 erschienenen „Physiologie des Geschmacks" von dem französischen *Emigré* d'Albignac, der in London als „fashionable salad-maker" auf Bestellung mit einem Necessaire an Zutaten ins Haus kam, um den Salat anzumachen. Er brachte es so zu einem kleinen Vermögen – einfach nur, weil man ihm als Franzosen grundsätzlich kulinarische Kompetenz zugestand, während er lediglich seine Geschmacksnerven mit gesundem Menschenverstand einsetzte.

Was hätte er heute dabei? Nahezu zwingend ein gutes Olivenöl, so aromatisch, dass schon wenige Tropfen viel Geschmack bringen. Charakterblätter wie die Brunnenkresse hingegen verlangen nach Zurückhaltenderem wie Traubenkernöl, und zu bitteren Blättern passt als Ausgleich kräftiges, aber besänftigendes Walnuss- und Kürbiskernöl. Säure ist wichtig für die Harmonie: ein Hauch Belebung bei zartem Blattwerk durch ein paar Spritzer Zitrone, ansonsten Balsamessig mittlerer Konzentration, wenn es sauer und gleichzeitig leicht süß sein soll. Alternativ bringt gereifter Sherryessig einen gewissen noblen Touch mit. Würze – aber auch zusätzliche Säure, deshalb Vorsicht bei der Dosierung! – kommt mit etwas Senf ins Spiel. Das kann scharfer, feiner Dijon- oder Düsseldorfer Senf sein, oder ein lieblicher Fruchtsenf, aber auch eine grobkörnige Variante, etwa aus Meaux, für veritable „mustard dressings". Darüber hinaus lässt sich mit einer Reihe von Würzkicks spielen: etwa ein paar Tropfen Worcestershire-Sauce für eine bloße Ahnung von Fisch oder fein geschnittene Anchovis in Öl für eine deutliche Salz- und Fischnote. Frischer Knoblauch, der sich am besten verteilt, wenn man ihn grob hackt und dann mit etwas Salz mit dem flachen Messerrücken auf einem Brett zerreibt, sorgt für einen deutlich rustikalen Touch, geriebener frischer Ingwer oder Meerrettich hingegen für exotisch-überraschende Frische. Außerdem sind natürlich Meersalz – in meiner Küche wie gesagt am liebsten Fleur de Sel oder Maldon Sea Salt – und frisch gemahlener Pfeffer „de rigueur", auch etwas frisch gemahlener Koriandersamen macht sich hervorragend,

ACCIUGA
SPECIALITÀ DELLE VALLI DI COMACCHIO
MARINATA

Senf Salon
Colonial Senf

Sardanelli
DI OLIVA

ohne hervorzuschmecken. Unzählige Möglichkeiten, die sich wunderbar variieren lassen, je nach Geschmack und Ausstattung und ohne jegliches Tabu – wer in seinem Dressing etwa eine Prise Zucker vermisst, immer hinein damit!

Brillat-Savarin verrät uns nicht, wie d'Albignac seine Dressings zusammenmischt, aber auch dabei führen ganz unterschiedliche Wege nach Rom. Die einfachste Methode besteht zweifellos darin, alle Zutaten – ungefähr einen Teil Essig auf drei Teile Öl, Senf (desto vorsichtiger, je saurer der Essig ist) – in einem Glas mit Schraubverschluss kräftig zu schütteln. Ich mag es aber lieber etwas dickflüssiger und mische deshalb in einer Schüssel mit der Gabel zuerst den Senf gründlich mit Essig und Gewürzen und rühre dann nach und nach das Öl darunter. Manche schwören auch darauf, zuerst das Öl mit den Gewürzen zu mischen, den Salat damit anzumachen und dann den Essig tropfenweise unterzumischen – selber ausprobieren!

Alles ist möglich an Kombinationen – als Richtlinie hilft vielleicht zu bedenken, dass pfeffrig-scharfe Blätter eher nach Besänftigendem verlangen, bittere jedoch nach Üppig-Kräftigem. Salz und Fett unterdrücken zudem die Wahrnehmung von Bitterkeit: das ist das Grundprinzip des Klassikers *Frisée aux lardons*, bei dem durchwachsene Speckstreifen ausgebraten und mitsamt dem Fett leicht bitteren Frisée-Salat bereichern.

Alles ist möglich an Kombinationen – als Richtlinie hilft vielleicht zu bedenken, dass pfeffrig-scharfe Blätter eher nach Besänftigendem verlangen, bittere jedoch nach Üppig-Kräftigem.

Was auch immer in welcher Dosierung in die Salatschüssel wandert – letztendlich muss das alles gründlich gemischt und durcheinandergebracht werden. In Frankreich gibt es dafür den treffenden Ausdruck *fatiguer la salade*: Blätter und Dressing müssen sanft, aber intensiv „ermüdet" werden und dabei deutlich an Volumen verlieren. Es gilt, genau den Punkt zu treffen, an dem die Blätter beginnen, das Dressing förmlich aufzusaugen, aber noch nicht schwer und schlapp sind. Wenn man der „Stimme aus der Salatschüssel" zuzuhören bereit ist, lässt sich das ganz einfach erkennen – es dauert im allgemeinen länger als erwartet. Dann aber gehört das Ganze besonders bei zarten jungen Zutaten sofort auf den Teller, während solidere Blätter oder gar Gemüse von einer kurzen Marinierzeit profitieren.

Stichwort Gemüse: natürlich muss Salat nicht zwangsläufig ausschließlich aus Blättern bestehen. Tomaten, Gurke, Fenchel, Paprika, Radieschen, Rettich, Champignons oder auch Zucchini lassen sich roh wie das Blattwerk anmachen. Kartoffeln, grüne oder Wachsbohnen, Rote Beete und Blumenkohl hingegen verbinden sich noch heiß mit der Salatsauce am besten und müssen unbedingt durchziehen. Spargel schmeckt sowohl roh als auch gekocht in Salatform.

Bei der Zusammenstellung spielt auch die dem Salat zugedachte Aufgabe eine entscheidende Rolle: Will ich ihn als Vorspeise, Hauptgang oder Beilage essen? Die reifesten Tomaten oder die zartesten Kopfsalatherzen kommen als Vorspeise am besten zur Geltung. Zu einem Steak finde ich charaktervolle bittere und scharfe Blätter besonders erfrischend, vor allem wenn sie nicht zeitgleich, sondern nach dem Fleisch, aber auf demselben Teller serviert werden, sodass sie durch die letzten Fleischsaftreste dort noch an Geschmack gewinnen.

Steht der Inhalt der Salatschüssel im Mittelpunkt des Essens, lässt er sich durchaus noch um einiges an Aromen und Substanz erweitern. Kräuter wie Estragon, Pimpinelle, Kerbel, Petersilie oder Schnittlauch und essbare Blüten, etwa von Borretsch oder Kapuzinerkresse sorgen – in vorsichtiger Dosierung! – für optischen wie geschmacklichen Kick. Pinienkerne und Walnüsse, leicht in der trockenen Pfanne angeröstet, runden andere kräftige Aromen ab, desgleichen in Butter oder Olivenöl gebratene Brotwürfel oder -brösel. Zwiebeln und Frühlingslauch sorgen für Frische, während Kapern, Oliven, gehobelter Parmesan oder alter Pecorino Würze mitbringen. Ziegenkäse bereichert einen Salat nicht nur auf einer Brotscheibe gratiniert, sondern auch in zerbröckelter Form. Ein pochiertes Ei ergänzt die Speckstreifen zu Frisée oder Endivie am besten, wenn das Eigelb noch flüssig ist und sich auf dem Teller mit dem Dressing verbindet.

Steht der Inhalt der Salatschüssel im Mittelpunkt des Essens, lässt er sich durchaus noch um einiges an Aromen und Substanz erweitern.

Hartgekochte Eier schließlich machen aus einem Salat – wie auch alles mögliche Gebratene an Fleisch oder Fisch, Räucherlachsstreifen, Shrimps und und und – eine deutlich kompaktere Angelegenheit, einen „Salat mit …", bei dem die Blätter oft deutlich in den Hintergrund treten.

Aus historischem Interesse seien hier zwei Salatklassiker erwähnt: *Caesar's Salad* und *Salade niçoise*. Ersterer wurde angeblich in den 1920ern, zu Zeiten der amerikanischen Prohibition, in einem mexikanischen Restaurant von Patron Caesar Cardini erfunden, als ihm aufgrund des großen Andrangs der Trinklustigen von jenseits der Grenze die Vorräte beinahe ausgegangen waren. Er besteht in seiner ursprünglichen Form – soweit sich diese ergründen lässt – aus Römersalatblättern, die mit einem Dressing aus Knoblauch, Eigelb, Anchovisfilets und/oder Worcestershire Sauce, Parmesan und Olivenöl angemacht und mit Parmesan und gerösteten Weißbrotwürfeln angerichtet werden. Dieses Grundprinzip, nämlich robuste, nicht bittere Blätter mit einem salzig-würzigen, kremigen Dressing, Käse und Croûtons, kann man natürlich in vielerlei Form abwandeln – ob diese Variationen dann allerdings alle noch den Namen des Originals verdienen, ist eine ganz andere Frage.

Auch bei der Salade niçoise lässt es sich unter Food-Historikern trefflich darüber streiten, was nun wirklich in den „authentischen" Nizza-Salat gehört. Wie auch immer – für mich zählt alles in dieser Grundrichtung einfach zu den perfekten Sommeressen. Kräftiger Blattsalat, Tomaten, Anchovisfilets, gekochte Kartoffeln, grüne Bohnen, kleine schwarze Oliven (Niçoises!), hartgekochtes Ei und Thunfisch in einer senfkräftigen Vinaigrette harmonieren aufs Beste und sollten auf alle Fälle eine halbe Stunde durchziehen. Ob man dabei nun Thunfisch in Lake, Öl oder ganz kurz angebratenen frischen vorzieht, hängt natürlich auch von der haushaltlichen Versorgungslage ab. Genauso lassen sich die grünen Bohnen durch dicke weiße Bohnenkerne ersetzen oder ergänzen … „Klassiker" sind dazu da, in angepasster Variante in der eigenen Küche immer wieder neu zu entstehen!

„Klassiker" sind dazu da, in angepasster Variante in der eigenen Küche immer wieder neu zu entstehen!

Im Ofen grillen – die bequeme Lösung, auch für Unerfahrene

Ich habe Lust auf etwas Frisches, aber Salatblätter allein tun es eindeutig nicht – ein Fall für den Grill! Ich möchte schnell etwas Warmes, habe aber nicht die geringste Lust, mit Töpfen und Pfannen zu hantieren – ein Fall für den Grill! Ich habe reife Pfirsiche, Aprikosen, Mangos, Birnen und bin das Roh-einfach-so-essen leid – ein Fall für den Grill! Damit meine ich nun nicht die Mann-will-mit-Feuer-spielen-und-nennt-es-kochen-Barbecue-Geschichte, sondern die Heizschlangen, die sich in nahezu jedem modernen Backofen verbergen. Sie kommen meinem Hang zur Bequemlichkeit in der Küche enorm entgegen: Grillen ist unkompliziert, geht schnell und erfordert wenig Aufwand – ein Blech als Unterlage genügt.

Grillen ist unkompliziert, geht schnell und erfordert wenig Aufwand – ein Blech als Unterlage genügt.

Am liebsten packe ich Gemüse auf dieses Blech. Bohnen, Erbsen oder Karotten sind hier allerdings fehl am Platz, sie brauchen Feuchtigkeit, um weich zu werden, und Kompaktes wie Kürbisspalten verbrennt unter der trocken-intensiven Hitzedusche, bevor es gar ist. Paprikaschoten, Fenchel, Zucchini und Auberginen hingegen sind richtige Stars der Heizschlangen-Grill-Szene. Besonders die beiden letzteren kommen so auch mit wesentlich weniger Fett aus als beim Braten in der Pfanne, wo sie sich wie ein Schwamm voll saugen. Mein Mann mag das Gemüse in ziemlich dünnen Scheiben, die dann am Rand knusprig werden, während ich es etwas dicker bevorzuge, mit fleischigerem Ergebnis. Die Paprikaschoten schneide ich einfach in mehr oder weniger breite Streifen. Sie fühlen sich in der Hitze sogar ganz ohne Öl sehr wohl, während der Fenchel es braucht, um weich zu werden. Zucchini und Auberginen hilft ein Strich mit dem Olivenölpinsel, um nicht am Blech festzukleben. Ansonsten gilt es nur, den

Grill gut vorzuheizen und die Vorgänge im Auge zu behalten, um Scheiben oder Streifen rechtzeitig umzudrehen – für gleichmäßige Bräune, wie am Strand!

Dann einfach etwas Salz – auch hier knusprige Meersalzflocken aus England – und Pfeffer darauf und das Ganze auf die bereits auf Teller gehäuften „dressierten" Salatblätter drapieren. Es lassen sich auch bestens gehackte Kräuter nach Verfügbarkeit und Geschmack darauf verteilen. Wenn mir nach Eleganterem ist, dann staple ich die gegrillten Gemüsescheiben in dekorativ buntem Durcheinander auf Tomaten-Tartletts, Blätterteig mit dicken Tomatenscheiben, die allerdings vorher in konventioneller Backofenhitze gebacken werden müssen. Dazwischen noch ein Löffel Pesto, obenauf ein Büschel Rucola – fehlt nur ein Glas guter trockener Rosé-Wein zum Sommersonnenglück!

Tomaten lassen sich natürlich auch herkömmlich halbiert hitzeduschen und dann etwa mit ebenfalls gegrillten Auberginenscheiben und zerbröckeltem Feta-Schafskäse in Ciabatta zu einem Super-Sandwich zusammensetzen. Oder ich grille große, längs geschnittene Auberginenscheiben und geviertelte Tomaten, packe dann letztere auf erstere, bröckele den Feta darüber und lasse das Ganze nochmals kurz anbräunen. Für ein kompakteres Essen passt jedwede Kombination dieser Art auch bestens zu schnell gebratenen Lammfilets oder -koteletts. Auf einer Tarte schmecken gegrillte Gemüse ebenfalls spitze – darunter streiche ich ein bisschen Oliven-Tapenade oder wiederum Pesto für mehr Geschmack, darüber vielleicht auch ein bisschen Ziegen- oder Schafskäse, ein paar Tropfen Olivenöl, ein paar Umdrehungen aus der Pfeffermühle …

Eine äußerst gute Figur geben große flache Riesenchampignons unter dem Grill ab. Mit ein bisschen Olivenöl beträufelt entwickeln sie eine Würze, die jedwedes Fleisch auf dem Teller überflüssig macht und sich ganz wunderbar mit einem Glas Spätburgunder bzw. Pinot Noir verträgt. Ich mag auch gegrillten Trevisano, den etwas milderen Verwandten des Radicchios: einfach halbie-

Eine äußerst gute Figur geben große flache Riesenchampignons unter dem Grill ab.

ren, mit Olivenöl beträufeln und aufpassen, dass die Blätter nicht verbrennen. Die leichte Bitterkeit harmoniert besonders gut mit etwas fetterem Fleisch, etwa einer Entenkeule.

Persönlich finde ich es zwar unnötig, Paprikaschoten zu häuten, aber wenn man das möchte, dann hilft hier ebenfalls der Grill: die entkernten, halbierten Paprikaschoten mit der Hautseite nach oben darunterpacken, bis sie Blasen werfen (die Armen!), dann aus dem Ofen nehmen und fünf Minuten lang ein leicht feuchtes Tuch darüberlegen. Danach lässt sich die Haut ganz leicht abziehen. Ob mit oder ohne gefallen mir die gegrillten roten und gelben Streifen am besten mit viel frischen Korianderblättern, Olivenöl, Balsamico, Salz, vielleicht ein wenig feingehackter scharfer roter Chilischote und kleinen Shrimps oder auch gebratenen Riesengarnelen.

Doch was heißt hier gebraten – die Hitzedusche gart natürlich nicht nur Vegetarisches! Für den Salat lassen sich die Gemüse etwa durch ein paar Scheiben Bacon erweitern, der sich einfach daneben mitsonnt, bis er knusprig ist. Die Garnelen können sich ganz formlos im Ganzen dazugesellen, brauchen als magere Proteinkonzentrate aber unbedingt eine großzügige Verabreichung von flüssiger Butter oder Olivenöl, um nicht zu verbrennen. Dieses Fettpolster erfüllt einen doppelten Zweck, wenn man es mit Chili, Kräutern oder auch Limettenschale aromatisiert. Angenehmer zu essen und noch geschmacksintensiver ist das Ergebnis allerdings, wenn man sich die (kleine) Mühe macht und die Garnelen vorher der Länge nach halbiert, dann lässt sich auch noch der dunkle, oben am Rücken entlanglaufende Darm entfernen.

Die Hitzedusche gart natürlich nicht nur Vegetarisches!

Hummer und Austern gefällt es auch am Grill-Strand – und mir besonders der Moment, wenn ich diese Köstlichkeiten so ganz entspannt „hervorzaubere“, ohne jegliche Aufregung auf dem Herd … Okay, wir reden bei Hummer und Austern ganz klar von luxuriösen Ausnahme-Momenten. Aber auch die haben ihre Berechtigung und können kulinarisch vergnüglich-unkompliziert gestaltet werden! Der

Hummer und Austern gefällt es auch am Grill-Strand.

Hummer möchte vorher kurz gegart werden – das kann ich nun aber gar nicht, schallt es mir da wie im Chor entgegen … Darauf gibt es verschiedene Antworten: Niemand muss Hummer essen, keine Diskussion. Wenn doch, kann man ihn zum Beispiel von einem befreundeten Koch töten, kochen und halbieren lassen. Oder bereits in dieser Form in einem Delikatessengeschäft erstehen (wo er allerdings tendenziell zu lange gekocht worden ist). Was das reine „Können" betrifft, ist das Ganze jedoch wirklich keine große Sache: Hummer kopfüber in sehr viel stark kochendes Salzwasser werfen, Deckel drauf, einmal aufkochen, vom Feuer ziehen und zehn Minuten ziehen lassen. Hummer herausnehmen, etwas abkühlen lassen und mit einem (sehr) großen Messer halbieren: in die Mitte des Rückens von oben in den Panzer stechen und das Messer einmal zum Schwanz hin kräftig nach unten drücken, dann zum Kopf hin. Den dunklen Darm entfernen, reichlich Butter auf das Tier, nach Belieben auch etwas Sahne mit einem Eigelb oder etwas geriebenem Käse verquirlt – und ab damit unter den wirklich heißen Grill, bis das Ganze so richtig gut duftet und golden brutzelt!

Austern sind empfindliche Schönheiten, die sich nicht gern unbedeckt in die Sonne begeben. Der bereits erwähnte Klassiker Austern Florentine aus Austern, Spinat und Sahne ist wirklich eine tolle, auch zu variierende Kombination. Aber da kommen wieder Einwände: Austernöffnen sei nur etwas für Spezialisten. Keinesfalls – ruhig nachdenken vor jeder Bewegung, etwas Übung, und es funktioniert. Was das Werkzeug betrifft, lässt sich für Austernöffner viel Geld ausgeben, das eigentlich für die Schalentiere selbst besser angelegt ist. Mit ein bisschen Geschicklichkeit und Übung geht es nämlich ganz ohne Gewalt und Hebelkraft, und man kommt mit einem einfachen kleinen Küchenmesser mit schmaler, gerader Klinge aus. Dafür hält man die Auster mit der tiefen Schale nach unten und der Spitze zum Handgelenk in einem Küchentuch in der linken Hand (Linkshänder vice versa). Mit der Messerspitze tastet man ungefähr auf halber Länge der Austernseite zwischen den beiden Schalen hindurch und fährt an der Innenseite der oberen Schale ein wenig auf und ab, so dass der Schließmuskel durchgetrennt wird. Dann lässt sich die obere Schale leicht aufdrücken. Die Nase an die Auster, um verdorbene Exemplare zu erkennen, eventuelle Schalensplitter entweder mit dem Messer oder einem Pinsel herausfischen und die Auster mit dem Messer unten von der Schale lösen. Für die Florentiner Version (Florenz steht in der klassischen französischen Küche immer für Spinat – die Medici waren anscheinend die Popeyes ihrer Zeit) in die untere Schalenhälfte etwas mit Butter und Zwiebelwürfeln angeschwitzten Blattspinat legen, die Auster darauf, über das Ganze einen großzügigen Löffel Weißweinsauce und ab unter die Heizschlangen.

Wem das jetzt alles wirklich zu hochgestochen ist, der schneidet frischen Lachs in nicht zu dünne Scheiben, bepinselt sie mit flüssiger Butter, packt sie kurz unter den Grill und dann entweder auf Salat oder eine Kräutersauce – Geduld, auch Saucen sind beileibe keine Geheimwisssenschaft, wir kommen gleich dazu. Erst einmal ist „kurz“ ein wichtiges Stichwort zum Thema Fisch im allgemeinen: Fisch„fleisch“ ist meist anders aufgebaut als Fleisch„fleisch“, mit wesentlich weniger festen kollagenen Eiweißstoffen. Deshalb gart es sehr schnell, oft viel schneller, als man denkt. Drohender Aggregatzustand: trocken, und je magerer der Fisch, desto trockener! Besonders wenn man in Betracht zieht, dass sich der meiste Fisch filetiert auch wunderbar roh essen lässt – Sushi & Co.! –, wird klar, dass solchen Fischstücken am Grillstrand nur Kurzbesucher-Tickets zugestanden werden sollten. Ganze Fische wie zum Beispiel Makrelen sind da etwas robuster. Kleine Einschnitte auf beiden Seiten helfen ihnen, auch an den dickeren Stellen gleichmäßig zu garen.

Fisch„fleisch“ ist meist anders aufgebaut als Fleisch„fleisch“, mit wesentlich weniger festen kollagenen Eiweißstoffen. Deshalb gart es sehr schnell, oft viel schneller, als man denkt.

Was packe ich noch unter den Grill? Bratwürste, weil mich das Fettgespritze oben auf dem Herd nämlich total nervt. Okay, das Grillen geht auch am Ofen keinesfalls spurlos vorüber. Ohne Pfanne, ohne Topf hat seinen Preis, und der heißt in gewissen Abständen eine etwas größere Putzaktion, um das verspritzte, verbrannte Fett von den Backofenwänden zu schrubben. Nichts im Leben ist umsonst, sagt der Alltags-Küchenphilosoph dazu ganz pragmatisch. Außerdem schwärmen natürlich alle kulinarischen Italophilen von gegrillter Polenta. Das leuchtet mir ein, schmeckt mir auch aus fremden Küchen. Ich selber koche den Maisbrei aber nie und kann ihn deshalb auch nicht in kaltem Zustand hitzeduschen. Brot hingegen gehört zu meinen festen Abonnenten, besonders wenn es ein paar Tage auf dem Buckel hat und ich dickere Scheiben möchte, als in den Toaster passen. Und ob ich das Ergebnis dann pur esse, mit Öl beträufele, mit Butter bestreiche, mit Anchovis belege oder Tomatenwürfeln, Bruschetta oder Crostini nenne, ist vollkommen egal – schmeckt einfach gut.

Und schließlich Käse: Am liebsten mehr oder weniger frischen Ziegenkäse auf einem Stück Brot, sodass er sich in der Hitze nicht übers ganze Blech ausbreitet und ich seine ganze geschmolzen-kremige Köstlichkeit auf dem Salat genießen kann. Es kann ein ganzer kleinerer Käse wie ein Crottin aus Chavignol sein oder auch eine Scheibe von einer Ziegenrolle. Und außer zu Salat passt das auch hervorragend zu nicht zu süßem Apfel- oder Birnenkompott, ist dann Käse und Dessert zugleich. Davon lassen sich unzählige Varianten ausdenken: In Weißwein pochierte Birnen, mit in angewärmter flüssiger Sahne aufgelöstem Blauschimmelkäse überbacken. Mit Olivenöl beträufelte und gegrillte halbe Birnen, mit schwarzem groben Pfeffer, flüssigem Honig und frisch gehobeltem Parmesan gewürzt. Dasselbe mit reifen Nektarinen oder Pfirsichen. Nektarinenviertel pur unter den Grill, mit frischem Ziegenquark und Feigensenf oder Chilimarmelade. Mangohälften gitterartig kreuzweise eingeschnitten mit feingehacktem frischen roten Chili und etwas Zucker bestreut und hitzeduschend karamelisiert. Und schließlich „ganz süß“: Halbierte Feigen oder Aprikosen mit ein wenig Honig gegrillt zu Vanille- oder Walnußeis … eigentlich braucht man im Sommer, wenn es all diese Gemüse und Früchte in Hülle und Fülle gibt, weder Topf, Pfanne noch Herdplatten – and the living is easy …

Freies Suppen – nicht nur klar und ungebunden

Im Winter, oder sagen wir besser, wenn es draußen grau und fröstelig ist und Holland bei den frischen Tomaten wieder traurige Monopolstellung genießt, wenn ein Salat mittags zwar eine nette Idee, aber nicht wirklich verlockend ist, dann ist Suppenzeit. Ich weiß, das klingt nach diesem stupiden Werbe-Geschwätz: Wie tröstend und wohltuend eine warme Suppe ist, wie der Duft aus dem Suppentopf das „ungetrübte Zuhausesein" darstellt, dem „Zuhause" überhaupt erst eine „Seele" verleiht … alles prima, vollkommen schwärmerisch übertrieben und nostalgisch romantisiert – und doch finde ich einen Teller Suppe ausgesprochen wohltuend zur Halbzeit eines Wintertages.

Die *Consommé*, eine klare Fleischbrühe, die in den ersten „Suppenbars" in Paris kurz vor der Revolution von 1789 serviert wurde, galt nicht ohne Grund als aufbauend, die Kräfte „restaurierend", und legte den Grundstein für das Phänomen Restaurant! Während die Steinzeitmenschen ihre Süppchen wahrscheinlich umständlich mit glühenden Steinen in mit Tierhäuten ausgelegten Gruben köchelten, wurde Eintopf in Form der kastilianischen Olla Potrida im späten Mittelalter selbst in vornehmen Kreisen richtig trendy. Verschiedenste Fleischteile, Gemüse, Kichererbsen und Würste garte man dafür in riesigen Kesseln und servierte dann in mehreren Gängen. Dagegen waren die Rezepte, die für die berüchtigten Hitlerschen Eintopfsonntage vorgegeben wurden, betont einfach, und lange schien der Suppe an sich in Deutschland in der Folge etwas Erzwungenes und Spießiges anzuhaften. Inzwischen scheint sie sich jedoch endlich von diesem Missbrauch zur Inszenierung von Volksgemeinschaft erholt zu haben – vielleicht auch dank des österreichischen Schriftstellers Thomas Bernhard, der sich in seinem bitterbösen Stück „Der deutsche Mittagstisch" als Exorzist der Nudelsuppe betätigt hat. Heute sind Suppen jedenfalls mega-in.

Dabei denke ich nicht an das Sättigungs-Standby in Dosenform, das vielerorts in einer dunklen Ecke des Vorratsschranks auf seinen Einsatz wartet, schließlich geht es hier ums fahrradfahrende Kochen. Allerdings sind von den zwei Tellern Suppe, die „der Deutsche" laut Statistik wöchentlich konsumiert, angeblich über die Hälfte aus Büchse oder Tüte. Vielleicht bin ich ein Snob, aber ich finde den allergrößten Teil dieser Produkte ziemlich scheußlich. Viele der Suppenbars, die in der letzten Zeit in allen Ecken der Republik wie Pilze aus dem Boden schießen, bieten hingegen wirklich gute, frisch gekochte Qualität.

Dazu müssen weder in den trendigen Etablissements namens Soupsoup, Soupkultur oder Suppenwerk noch zu Hause Wunder vollbracht werden. Das Kochen einer guten Suppe dauert nicht zwangsläufig Stunden, und es gehört auch kein umfangreiches theoretisches Regelwerk dazu, wie man mir in der Berufsschule einreden wollte. Da wurde unterschieden zwischen klaren und gebundenen Suppen, erstere wiederum unterteilt in einfache und doppelte Kraftbrühen, letztere in Gemüsesuppen, gebundene Suppen und gebundene braune Suppen, wobei die gebundenen Suppen absurderweise grundsätzlich keine Gemüsesuppen sind und ihrerseits in Samt-, Rahm- und Püreesuppen unterteilt werden … es lebe die Revolution in der Küche! Hoffentlich muss das heute keiner mehr auswendig lernen. Es demonstriert jedoch bestens, wie sehr sich die Profiküche vom „häuslichen" Alltag unterscheidet: ob mit einfacher oder doppelter Kraft lässt es sich da ganz frei und ungebunden suppen.

Das Kochen einer guten Suppe dauert nicht zwangsläufig Stunden, und es gehört auch kein umfangreiches theoretisches Regelwerk dazu, wie man mir in der Berufsschule einreden wollte.

Weil die Steinzeit glücklicherweise lange hinter uns liegt, muss dafür ein Topf her. Je schwerer und größer, desto besser: Die allermeisten Suppen schmecken nicht nur aufgewärmt am nächsten Tag besser, sondern gewinnen auch deutlich durch das Köcheln großer Mengen. Friert man dann einen Teil in Portionsschalen ein, erübrigen sich sowohl Dose als auch Tüte im Vorratsschrank. Was ich von Brühwürfeln und Ähnlichem halte, habe ich bereits deutlich gemacht. Selbst in der Ökovariante mit Hefeextrakt statt Glutamat bewirken sie nicht nur geschmackliche Gleichschaltung, sondern sind auch schlichtweg überflüssig. Warum nicht einfach von vorne anfangen?

Das bedeutet nämlich nicht notwendigerweise stundenlanges Köcheln von Suppenhuhn oder Rinderknochen zusammen mit Gemüsen, inklusive regelmäßigem Abschäumen, Entfetten, Passieren etc. Für eine klare Suppe hat diese Prozedur ihre Berechtigung, und wenn man sowieso mindestens einen halben Tag zu Hause ist, ist sie auch viel unaufwendiger, als gemeinhin angenommen wird – davon später mehr. Aber als Grundlage für „nichtfreie“, also gebundene Gemüse-Suppen unterschiedlichster Art ist sie genauso überflüssig wie der Brühwürfel. Auch auf die Gefahr hin, als ketzerisch oder simplizistisch zu gelten: Der Wasserhahn spendet eine wunderbare Grundlage für Suppen!

Der Wasserhahn spendet eine wunderbare Grundlage für Suppen!

Allerdings greife ich ihm dabei ein bisschen unter die Arme und schwitze grundsätzlich als erstes reichlich gewürfelte Zwiebel – nach Belieben ergänzt durch Speckwürfel, Karotten und Sellerie – langsam in einer großzügigen Menge Butter oder Olivenöl an. Wenn die Zwiebelwürfel glasig und goldgelb sind, dann kommt das vorbereitete Gemüse dazu, gewaschen und/oder geschält und gegebenenfalls in grobe Stücke geschnitten. Je nach Sorte lasse ich es noch ein bisschen mitschwitzen, das macht sich zum Beispiel bei Karotten, Pastinaken und Kürbis gut, während etwa tiefgekühlte Erbsen direkt mit Wasser überschüttet werden. Wie viel Wasser? Gerade ausreichend, sodass das Gemüse gut bedeckt ist, aber keine übertriebenen Mengen, damit die Suppe zum Schluss nicht zur dünnen Plörre wird. Etwas Salz dazu, nach Belieben auch andere Gewürze und Kräuter, und alles leise köcheln lassen, bis das Gemüse gut weich ist. Leise ist ganz wörtlich gemeint (die Stimme aus dem Kochtopf!), nämlich nicht mit lautem Geblubber und Gespritze, sondern dezentem Gemurmel.

Wie lange das dauert? Diese Frage gehört in dieselbe Kategorie wie jedwede Mengenangabe beim Suppenkochen – dem einen genügt ein kleiner Becher, der andere braucht zwei große Teller voll Suppe, bis er richtig satt ist – also ran an den Kochtopf und mit der Holzzange, einem Messer oder den Fingern gefühlt! Dann ziehe ich den Topf vom Herd und lasse den Stabmixer seine Zaubertaten vollbringen. Das geht natürlich auch mit einer flotten Lotte oder einem Standmixer, aber das Umgefülle hält ganz schön auf. Für meinen Geschmack braucht das Ergebnis dabei nicht hundertprozentige Samtigkeit zu sein, ich mag gern noch etwas Biss in meiner Suppe. Schließlich den Löffel (oder Finger) in den Topf und schmecken: mehr Salz? Pfeffer? Muskatnuss? Zitrone? Frische Kräuter? Wenn einem das Ganze zu dick und kompakt erscheint, ruhig noch einen Schuss Wasser dazu; gelegentlich machen sich auch etwas Sahne oder ein Löffel Crème fraîche ganz gut. Und dann: fertig! Essen, wohlfühlen!

Die schlichteste, leichteste Variante dieses Grundprinzips ist die mit Blattspinat. Wegen der Zartheit von Aroma und Konsistenz – sind ja schließlich keine robusten Wurzeln, die grünen Blätter – bietet es sich dabei an, relativ viel Zwiebel und Co. anzuschwitzen und mit nicht zuviel Wasser erst einmal eine Viertelstunde zu kochen. Erst dann den blanchierten, grob gehackten Spinat gewissermaßen nur mitaufkochen lassen – jedwedes Gewürz außer Salz stört hier das einfache geschmackliche Gleichgewicht.

Tomaten sind da robuster und am unkompliziertesten (häufig auch am aromatischsten) in Pelati-Form aus der Dose. Nach Belieben ein bisschen Knoblauch mit anschwitzen, mit Tomatenpüree und/oder in Streifen geschnittenen getrockneten Tomaten nachhelfen und mit allerlei Kräutern experimentieren. Für mehr Substanz mit getoasteten Weißbrotscheiben servieren, die auf der Suppe mit ein wenig Olivenöl beträufelt werden.

Bei Pastinaken und Karotten kann das Süßliche in Suppenform ziemlich aufdringlich wirken, feingehackter frischer Ingwer bildet dazu zum Beispiel ein gutes Gegengewicht: einfach mit dem Gemüse in den Topf. Es lohnt sich aber auch, mit Meerrettich, Zitrone/Limetten (auch die Schale!) oder etwa scharfem Paprikapulver zu spielen. Das Erdige von Roten Beete wirkt eleganter, wenn man es mit Orangensaft und -schale aufpeppt, vielleicht auch frischer Minze? Oder Korianderblättern? Wenn man die Roten Beete so wie sie sind vorher im Ofen bäckt – entweder auf einem Bett aus grobem Salz oder mit etwas Olivenöl in einem Topf mit Deckel oder Folie abgedeckt – schmecken sie noch intensiver, und die Suppe ist noch schneller fertig. Paprikasuppe wirkt eindeutig würziger, wenn man die roten oder gelben (grüne finde ich im Geschmack zu unreif und deshalb uninteressant) Streifen zuerst unter den Grill packt, während die etwas milde Art von Fenchelknollen einen Kick in Form von in der Pfanne gerösteten und dann im Mörser zerriebenen Fenchel- und Koriandersamen verträgt. Beide Suppen freuen sich besonders über ein bisschen Sahne.

Mit verstärkter Aufmerksamkeit gilt es der Kartoffel im Suppentopf zuzuhören. Sie braucht nach meinem Geschmack – der anscheinend Knollen schon bis zur Sättigung intus hat – unbedingt Unterstützung durch reichlich Zwiebel, Sellerie, Petersilienwurzel, Lauch und/oder Speck, sonst kann das Endergebnis fatal an verdünntes Kartoffelpüree erinnern. Kürbis hingegen ist wie prädestiniert für Suppen und sorgt schon farblich für wunderbare Abwechslung im Wintergrau. Ich mag am liebsten den leuchtend-orangen, nussigen Hokkaido, entweder ganz klassisch wie oben, im Teller mit einem Kringel tiefgrünem Kürbiskernöl und vielleicht ein paar gerösteten Kürbiskernen angereichert (entsprechende Version vom Kohlrabi: mit Walnüssen!). Oder in Anlehnung an die thailändische Küche statt Zwiebeln und Co. rote Currypaste aus dem Asialaden in Öl anschwitzen, Kokosmilch einrühren, das gewürfelte Kürbisfleisch dazugeben und wiederum mit Wasser auffüllen. Nach dem Pürieren mit reichlich Zitronen- oder Limettensaft, Fischsauce und einer Prise Zucker abschmecken. Zusätzliches Aroma bringen mitgekochte Kaffirlimonenblätter, Zitronengrasstückchen, Knoblauch, frische rote Chilischoten, Ingwer, Galgant und/oder die Wurzeln von Korianderkraut. In dieser Version ist Kürbissuppe wirklich reine Therapie für Wintergraugeschädigte mit niedrigem Energielevel!

Mit verstärkter Aufmerksamkeit gilt es der Kartoffel im Suppentopf zuzuhören.

Linsen haben – wenn man sie nicht ganz süddeutsch-traditionell mit Suppengrün, Speck und einem Schuss Essig kocht – eine besondere Affinität zu allem Indischen. Je älter und größer sie sind, desto großzügiger sollte man die Einweichzeit vor dem Suppekochen bemessen. Die halbierte, geschälte rote Variante steht jedoch auch für Spontan-Aktionen bereitwilligst zur Verfügung und freut sich über gemahlenen Kreuzkümmel und Koriandersamen, mag Kardamom und ein paar kleingeschnittene getrocknete Aprikosen oder Pflaumen. Kichererbsen vertragen sich gut mit getrockneten und frischen Tomaten, und dicke Bohnen lieben Speck, mediterrane Kräuter und Parmesan. Alle Hülsenfrüchte mag ich lieber, wenn sie eintopfartig im Teller dampfen, also nur zum Teil oder ganz leicht anpüriert sind.

Womit wir wieder beim Eingangsthema wären, dem Eintopf. Für den lohnt es sich nun wirklich, etwas Fleischiges ein paar Stunden lang im leise siedenden Wasser zu baden. Ob man dabei von Zeit zu Zeit zur Kelle greift, um Schaum und Fett abzuschöpfen, sei jedem selbst überlassen. Ohne das ist das Ergebnis vielleicht nicht ganz klar und nicht ganz so geradlinig im Geschmack, aber sicher immer noch gut. Eines ist jedoch ganz entscheidend: aus Billig-Turbo-Huhn oder -Rind wird nie eine gute Brühe, hier ist Investition in Besseres quasi Legitimation für den Aufwand. Ein ausgewachsenes, „glückliches“ Huhn, ein Stück Rinderbrust oder -wade, ein paar Markknochen, das ist guter Stoff für klares Suppenglück! Mit kaltem Wasser gründlich abwaschen, im Topf mit kaltem Wasser gut bedecken, geschälte Zwiebel, Lorbeerblatt, vielleicht eine Nelke, einen Thymianstängel dazu und ein bisschen Salz. Natürlich darf auch Suppengrünartiges mit in den Topf! Dann ganz langsam zum Kochen bringen und superleise kochen lassen, bis das Fleisch wirklich vom Knochen fällt und die Wohnung so gut duftet, dass man unbedingt schon mal ein kleines Tässchen Brühe probieren muss. Wahrscheinlich fehlt noch etwas Salz, aber das ist schnell behoben.

Ein ausgewachsenes, „glückliches“ Huhn, ein Stück Rinderbrust oder -wade, ein paar Markknochen, das ist guter Stoff für klares Suppenglück!

Das mitgekochte Gemüse ist längst verkocht und ausgelaugt, was ja auch der Sinn der Sache ist, und gehört deshalb entsorgt. Das Fleisch fische ich mit einer Schaumkelle aus dem Topf und lege es auf einen Teller zum Abkühlen; lauwarm lässt es sich ganz einfach vollends von den Knochen lösen und für die Suppe in mundgerechte Stücke zerteilen. Die Brühe lasse ich durch ein feines Sieb laufen, zum Teil in Gefrierbehälter als Vorrat. Dann ist sie Grundlage für den ultraschnellen mittäglichen Aufwärmer und verträgt sich mit Champignons – einfach roh in dünnen Scheiben mit der heißen Brühe übergossen –, Nudeln – etwa Spaghetti in Stücke zerbrochen in der Brühe gekocht –, ein paar Blättern Petersilie … Wenn ich noch einen Kick mehr brauche, dann spiele ich besonders bei Hühnerbrühe auch mit meinem Fernweh nach Thailand: Champignons, vielleicht Lauchzwiebeln, ein paar Shrimps, frische rote Chilischote, ein Stückchen Zitronengras und ein Kaffirlimonenblatt, außerdem ein guter Schuss Kokosmilch, abgeschmeckt mit der thailändischen Grundgeschmackscombo Fischsauce, Zitrone, eine Prise Zucker, die ein Gleichgewicht mit der Chilischärfe finden muss. Zum Schluss noch eine Handvoll frischer Koriander – und die blasse Wintersonne scheint gleich viel intensiver!

Wenn ich hingegen Rinderbrühe gekocht habe und mich nach Italien sehne, dann greife ich nach dem Glas mit getrockneten Tomaten, hoffe auf eine Dose dicke weiße Bohnen in einer Ecke meines Küchenschranks (auf einem Sieb einmal kurz mit Wasser abgespült schmecken sie weniger „dosig") und schmecke mit Basilikumblättern aus dem Tiefkühler oder einem Löffel Pesto, geriebenem Parmesan und Olivenöl ab. Und wenn ich gar kein Fernweh habe, sondern einfach ein bisschen kindheitsnostalgisch drauf bin, dann streue ich Sternchennudeln in die Brühe …

„Richtiges“ Kochen in Topf und Pfanne – von Dämpfen bis Braten

Wer bis jetzt den Eindruck hat, ich drückte mich ums „richtige“ Kochen, eigentlich gebe es bei mir nur Salate, Gegrilltes und Suppen, und das könne natürlich jeder irgendwie hinkriegen – gemach, gemach. Wir kommen hiermit – Tusch! – zum „richtigen“ Kochen, zu Fisch und Fleisch in Topf und Pfanne, stürzen uns gewissermaßen mit dem Fahrrad in den Straßenverkehr! Ich sollte wahrscheinlich an dieser Stelle nicht erwähnen, dass ich an den Fahrradhelm an sich nicht glaube, jedenfalls nicht für meinen eigenen Kopf – aber gut, das muss jeder für sich selbst entscheiden. Ich schwinge mich derweil in Realzeit aufs Rad, heute abend habe ich Lust auf Fisch. Weil das Thermometer deutlich über 30 °C geklettert ist, nehme ich eine Thermotasche und ein Kühlelement für den Heimtransport mit – sonst erübrigt sich jegliches Kochen! Wäre aber vielleicht der nächste große Trend für unsere Fernsehköche: mit Solarwärme gegart …

Ich habe inzwischen einen Trick herausgefunden, um in der Fischabteilung im Kaufhaus ans Beste zu kommen: Bei der Frage nach Fisch für Sushi sind die Verkäuferinnen angewiesen, nur das Frischeste über den Ladentisch gehen zu lassen, bei Thunfisch zum Teil richtige Bückware … Doch mir steht der Sinn nach weißem Fisch. Kabeljau sieht gut aus, ist aber ziemlich teuer, außerdem habe ich dabei wegen der enormen Überfischung ein schlechtes Gewissen. Rotbarsch kostet deutlich weniger, und ich kann mir zumindest einbilden, dass da die Welt noch halbwegs in Ordnung ist. Meine Mutter hat früher am Freitag – wenn der Fischwagen in unsere Siedlung kam – oft einen ganzen Rotbarsch gemacht. Sie hat ihn einfach mit Butterflocken besetzt und in

Bei der Frage nach Fisch für Sushi sind die Verkäuferinnen angewiesen, nur das Frischeste über den Ladentisch gehen zu lassen.

einer feuerfesten Form in den Ofen gepackt. Die rotweiße Haut sieht nicht nur schön aus, sondern schützt das Fleisch auch vor dem Austrocknen, und die Gräten sind angenehm übersichtlich. Heute existiert dieser Fisch wie so viele andere anscheinend nur noch in Filetform … aber sei's drum. Er ist etwas lockerer im Fleisch als sein vornehmer Namensvetter, der Wolfsbarsch, und zerfällt leicht in große weiße Schuppen, deshalb werde ich die Filetstücke dämpfen, da brauche ich sie nicht einmal umzudrehen.

Ich wasche den Fisch ganz kurz unter kaltem Wasser und tupfe ihn mit Küchenkrepp trocken. Der Dämpfaufsatz mit seinem hohen Rand ist für Fisch nur bedingt geeignet, weil man schlecht mit einem Spatel oder einer Palette hineinkommt. Doch da lässt sich improvisieren. Ich fülle einen Fingerbreit Wasser in einen großen Topf und stelle eine kleine Platte auf zwei Keramikförmchen, sodass der Dampf darum wallen kann. Dann lässt sich der Fisch auch wunderbar auf ein Bett aus in Streifen geschnittenen Frühlingszwiebeln legen, nach Belieben mit etwas frischem Ingwer dazwischen, mit ein wenig Sojasauce und ein paar Tropfen Öl darüber … Das funktioniert auch mit einem Teller oder einem Blech und in Ermangelung von passenden Förmchen mit zu Bällchen zusammengeknüllter Alufolie. Ansonsten öle ich die Platte einfach nur ein wenig ein, damit nichts hängen bleibt, bringe das Wasser zum Kochen – das sich auch mit Kräutern, Zitronenschale oder Ähnlichem aromatisieren lässt –, lege den Fisch hinein (auf die Hautseite, ob vorhanden oder nicht) und packe den Deckel darauf. Dann tut der Dampf sein Übriges, und es geht alles ziemlich schnell. Was ich dazu an Gemüse möchte, muss eigentlich beinahe schon fertig sein. Ich habe ein paar Erbsen mit einem Schuss Wasser, Salz und einem Stich Butter am Kochen, das wird gerade zeitlich passen. Meine Mutter hat zum Rotbarsch immer weiße Sauce aus dem Päckchen mit Dill gemacht, ich lasse einfach Butter in einem Töpfchen schmelzen, gebe reichlich feingeschnittenen frischen Dill dazu und schmecke mit Salz und Zitrone ab, vielleicht ein paar Kapern. Bei großem Hunger gibt es Reis – zu dem kommen wir noch.

Fischfilet ist immer schneller fertig, als man meint, es darf ruhig an der dicksten Stelle innen noch glasig sein. Wie man das erkennt? Ohne jede Zauberei, einfach mit den Fingern oder einem kleinen Messer das Innerste untersuchen! Mit etwas Erfahrung lässt sich auch mit einem Fingerdruck fühlen, wie glasig es da drinnen zugeht: je elastischer, desto roher. Bei Stücken mit Gräten ist es noch einfacher: sobald sich das Fleisch problemlos von der dicken Mittelgräte lösen lässt – Finger, Messer! –, wird gegessen. Das ist auch ein Grund, warum das Dämpfen eine geniale Sache ist – man kann jederzeit den Stand der Dinge checken. Und es funktioniert für so gut wie alle Arten von Fisch, ob als Steak, Filet oder im Ganzen, solange sie nur in den Dämpfer passen, wie der nun auch immer aussehen mag – Hauptsache, der Fisch kommt nicht mit dem kochenden Wasser in Berührung, sondern wird vom Dampf umwallt.

Fischfilet ist immer schneller fertig, als man meint, es darf ruhig an der dicksten Stelle innen noch glasig sein.

Die klassische Art, Muscheln als „Moules marinières" zuzubereiten, ist auch ein Dämpfen, weil die Mollusken durch die Schalen nicht direkt in der Flüssigkeit schwimmen. In meinem größten Topf koche ich dafür einen Sud aus Zwiebel- oder Schalottenwürfeln, Olivenöl oder Butter, vielleicht auch einer angequetschten Knoblauchzehe und Weißwein. Eine gut fingerhohe Menge genügt. Die geputzten, gut gewaschenen Muscheln hinein (offene vorher aussortieren), Deckel drauf und von Zeit zu Zeit kräftig schütteln, damit sich der Dampf verteilt und der Sud sich mit den Muscheln mischt. Nach wenigen Minuten öffnen sie sich (die, die's gar nicht tun, sind Spielverderber und scheiden aus) und werden auf Teller verteilt. Der mit Salz und Pfeffer abgeschmeckte Sud kommt entweder so darüber, wie er ist, oder wird noch mit einem Schuss Sahne und/oder frischen Kräutern angereichert – voilà! Überkommt mich bei den Muscheln die Lust auf Asiatisches, dann ersetze ich den Weißwein durch Sake oder werfe in den Sud all die üblichen thailändischen Verdächtigen; Ingwer, Galgant, Chili, Zitronengras, Kaffirlimonenblätter, Knoblauch. Dann macht sich ein Schuss Kokosmilch zum Schluss gut – und natürlich eine Handvoll Korianderblätter.

Wenn die Fischstücke für eine größere Runde sämtliche improvisierten Dampf-Arrangements überfordern, dann darf die Flüssigkeit den Fisch auch unmittelbar umfluten. Allerdings heißt es dann ganz genau aufpassen, damit das empfindliche Fisch-Eiweiß nur gar zieht und nicht im wild blubbernden Bad zu Brei zerkocht. Damit auch aromatisch alles schön beieinander bleibt, empfiehlt es sich, mit der Badeflüssigkeit so geizig wie möglich zu sein. Ich nehme eine Pfanne, in der alles gerade so nebeneinander Platz hat, schwitze Schalottenwürfel in ein bisschen Butter ganz leicht an, gebe einen guten Schuss weißen Vermouth – am liebsten Noilly Prat – sowie einen noch großzügigeren Schuss trockenen Weißwein dazu und fülle mit etwas Wasser auf knappe Fingerstärke auf. Das Ganze lasse ich eine Zeitlang köcheln – vielleicht noch Lorbeer dazu? Oder Zitronenschale? Schließlich schmecke ich ziemlich kräftig ab und packe dann den Fisch hinein; er soll gerade so von der Flüssigkeit bedeckt sein. Dann gilt es, durch Hitzeregulierung jedwedes richtige, blubbrige Kochen zu vermeiden – wenn die kleinste Stufe auf dem Herd noch zu hoch ist, muss man ein wenig jonglieren, die Pfanne von der Platte zeitweise hinunterziehen beziehungsweise die Flamme ganz ausdrehen. Auch eine Wärmeverteilermatte zum Unterlegen leistet dabei beste Dienste, oder man stellt das Ganze in den vorgeheizten Ofen. Fertig ist der Fisch, wenn … – siehe oben!

Wenn die Fischstücke für eine größere Runde sämtliche improvisierten Dampf-Arrangements überfordern, dann darf die Flüssigkeit den Fisch auch unmittelbar umfluten.

Auf die vorgewärmten Teller damit, entweder direkt mit dem Fond als Sauce, oder man gibt eine Kelle davon in einen bereitstehenden Topf, kocht ihn sehr schnell etwas ein, ein bisschen Saucenbinder dazu und schließlich einen guten Schuss Sahne, abschmecken und über den Fisch – wunderbar. Mit ein oder mehreren in löffelgerechten Stücken separat vorgekochten Gemüsen, vielleicht auch ein paar eingeweichten Safranfäden im Fond, hat man so auch einen tollen Fischtopf. Dafür lassen sich mehrere Sorten Fisch und/oder Garnelen mischen; auch entkernte Tomaten in Streifen oder Basilikum stören nicht!

Wenn man mit der Zeit ein gutes Gefühl für die Stimme aus dem Kochtopf entwickelt hat, dann gart Fisch auch bestens in einem Päckchen aus doppelter Alufolie – oder ganz schick: im Bananenblatt! Er dämpft dann im eigenen Saft, aber quasi hinter verschlossenen Türen. Die Geschmacksbooster von Zwiebeligem über Kräuter bis Zitronenscheiben mit ein paar Tropfen Öl oder einem Stückchen Butter unter und auf dem Fisch verteilen, Salz, Pfeffer und ähnliches darüber, schön zusammenfalten, damit alles dicht ist und in einer Pfanne oder auf einem Blech in den heißen Ofen damit. Ein kleinerer Fisch für zwei Portionen ruft dann – ungefähr!!! – nach einer halben Stunde: „Fertig!"

Wenn man mit der Zeit ein gutes Gefühl für die Stimme aus dem Kochtopf entwickelt hat, dann gart Fisch auch bestens in einem Päckchen aus doppelter Alufolie – oder ganz schick: im Bananenblatt!

Natürlich lässt sich Fisch auch braten. Da dieses Buch jedoch alles andere als ein Standardwerk mit Anspruch auf Vollständigkeit ist, sondern zum Sammeln eigener Erfahrungen ermuntern will, erlaube ich mir, dazu einfach nur anzumerken, dass eine im Ganzen, langsam in Butter gebratene Seezunge ein großartiges Festessen für zwei ist – und beileibe keine Hexerei, wenn man Verstand und Sinne beieinander hat.

A propos Verstand: Die Chemie und Physik hinter dem, was in Kochtopf und Pfanne passiert, ist unglaublich spannend. Aber ich muss diese Vorgänge nicht unbedingt verstehen, um zu befriedigenden Ergebnissen zu gelangen. Trotzdem sehen wir das Thema Kochen oft viel zu losgelöst vom normalen Leben und den täglich gesammelten Erfahrungen – also dem, was man gemeinhin als gesunden Menschenverstand bezeichnet. Denken hilft auch in der Küche! Denn eigentlich ist es doch ganz logisch, dass etwas Trockenes oder gar Getrocknetes wie grüne Bohnen oder getrocknete Bohnenkerne durch die trockene Hitze beim Braten (wo das Fett nur eine Art Antihaftmittel darstellt) nicht unbedingt zum kulinarischen Hochgenuß werden kann. So etwas braucht eine richtig feuchte Umgebung, um entweder seinen eigenen Anteil an Feuchtigkeit zu behalten oder um noch

Denken hilft auch in der Küche!

ORKNEY SALMON
RED MULLET 16.00 KG
PORBEAGLE SHARK STEAKS 15.00 KG
SEA BASS FILLETS 24.50 KG

mehr davon aufzusaugen. Durch die Hitze verändert sich gleichzeitig die Struktur von Eiweiß und Zellulose, wird weicher und lockerer und somit besser zu beißen und zu verdauen. Deshalb: Nudeln in viel Wasser kochen, Reis entweder auch in viel Wasser kochen, auf ein Sieb abschütten und mit einem Stich Butter, etwas Öl und Gewürzen mischen. Oder – für ein intensiveres Geschmackserlebnis – im Dampfaufsatz, den man gegebenenfalls mit einem feuchten Tuch auslegen kann, garen. Wenn er nicht ganz frisch geerntet ist, kann man den Reis wie Linsen vorher einweichen, das verkürzt die Kochzeit erheblich. Linsen selbst und alle hülsigen Verwandten als Gemüse genauso wie für eine Suppe kochen, aber mit so wenig Wasser wie möglich.

„Hartes" Gemüse wie grüne Bohnen oder Rosenkohl, das ich in Butter oder Olivenöl anschwenken möchte (oder so weit wie möglich vorbereiten, um bei einem komplexeren Essen am Schluss keinen Stress zu haben), dämpfe ich – vollkommen unkompliziert. Die Profis „blanchieren" in viel kochendem Salzwasser, was auch bedeutet, das Gemüse danach sofort in Eiswasser abzukühlen, damit es leuchtend in der Farbe bleibt und nicht weiter gart. Bei diesem doppelten, intensiven Baden geht allerdings ziemlich viel Geschmack verloren, deshalb muss jeder selbst abschätzen, wie wichtig ihm die Optik auf Kosten von Vitaminen und Aromen ist.

Alles, was sich halbwegs auch roh essen lässt, von Karotten über Weißkohl in feinen Streifen bis zu Lauch, gefällt mir am besten, wenn ich es mit etwas Butter und vielleicht auch ein paar Zwiebelwürfeln anschwitze und dann nur soviel Flüssigkeit beziehungsweise Wasser zugebe, dass dieses verkocht ist, wenn das Gemüse den Biss hat, der mir gefällt. Man kann das nach und nach machen und zwischendurch auch mal den Deckel darauf setzen bei festeren Sorten. Idealerweise ist das Gemüse zum Schluss mit einem schönen Glanz von der Butter und den eigenen „Säften" überzogen – ob sich das nun fachtechnisch düns-

> Idealerweise ist das Gemüse zum Schluss mit einem schönen Glanz von der Butter und den eigenen „Säften" überzogen – ob sich das sich nun fachtechnisch dünsten oder glasieren nennt, spielt nicht die geringste Rolle am heimischen Herd!

ten oder glasieren nennt, spielt nicht die geringste Rolle am heimischen Herd!

Bevor wir jetzt von wogenden Fluten und wallendem Dampf zu brutzelndem Fett übergehen, weil sich nämlich manche Gemüse auch wunderbar in der Pfanne braten lassen, gebührt noch zwei absoluten Stars der nassen Kochszene ihr großer Auftritt. Einerseits ist da das große Stück Rindfleisch aus dem Sud. Es kann Rinderbrust oder Tafelspitz sein, und wenn es ein wenig marmoriert ist, um so besser. Falls es größer ist als der Appetit der glücklichen Esser: ebenfalls gut, weil es sich sowohl kalt als auch angebraten wie bereits beschrieben bestens macht. Ich setze das gute Stück wie für einen Eintopf an, allerdings nicht mit kaltem Wasser, wodurch viel Geschmack in die Brühe ausgelaugt wird, sondern in kochendem, das dann nicht mehr wild blubbern soll, sondern nur leise sieden. Abschäumen, Gemüse, Knochen – siehe Suppen! Fertig ist unser Star, wenn man mit einem spitzen Messer oder einer dünnen Nadel an der dicksten Stelle hineinsticht und der austretende Saft ganz klar ist – unter 45 Minuten pro Kilogramm wird sich aber nicht viel tun. Das lässt Zeit, um zum Würzen am Tisch Schnittlauchröllchen mit Meersalz zu mischen und frischen Meerrettich zu reiben (oder ein Glas mit Sahnemeerrettich zu organisieren), Blattspinat mit ein paar Zwiebelwürfeln in Butter zu dünsten und/oder Karotten und Sellerie in großen Stücken gegen Ende in der Fleischbrühe mit zu garen. Kartoffel-Sellerie-Püree passt auch super: in Wasser gut weichgekocht, abgegossen und zusammen mit etwas Sahne mit dem Elektroquirl oder dem Kartoffelstampfer püriert – Muskatnuss. Schließlich nur noch das Fleisch in Scheiben schneiden, ein bisschen von der Brühe darüber … grandios!

Gebratene Rote Beeten in feinen Streifen machen sich übrigens auch prima dazu, nicht nur wegen des fulminanten Farbkontrasts – wir kommen gleich dazu. Zuerst Bühne frei für Star Nummer zwei, die Luxusversion: das gesottene Rinderfilet. Klingt mit französischem Künstlernamen noch viel schöner – „Bœuf à la ficelle“, Rind an der Schnur – und ist erstens eine kleine finanzielle Investition, also für besondere Anlässe, und zweitens für alle, die gerne ein bisschen basteln. Erst einmal ist jedoch beim Fleischer etwas Diplomatie vonnöten, weil es für dieses Kunststück unbedingt ein richtig schönes Filet-Mittelstück von gleichmäßiger Stärke sein muss, Länge je nach Anzahl der auserwählten Mitgenießer. Der Meister möchte gerne entweder den dickeren Filetkopf mit der Sehne oder das dünne Filetende mitverkaufen. In diesem Fall aber nicht mir, und von allen Häuten etc. darf er das gute Stück auch noch befreien. Dafür kaufe ich ihm ein Stück Suppenfleisch ab und ein paar Markknochen. Zu Hause gibt es jetzt technisch gesehen zwei Möglichkeiten: entweder ein ziemlich hoher, nicht zu breiter Topf, in dem das Fleisch aufrecht Platz hat und noch etwas Luft ist oben und unten, oder aber ein breites Modell, in dem es sich entsprechend waagerecht unterbringen lässt. Bei mir funktioniert letztere Variante und der große Le-Creuset-Topf am besten. Ich mache darin einen Sud, indem ich das kleingeschnittene Suppenfleisch, die Knochen, allerlei Gemüse, Kräuter und Gewürze nach Eintopf-Art ansetze, einen guten Schluck Sherry dazugebe und auch mit dem trockenen Weißwein nicht zu geizig bin. Das mag unorthodox erscheinen, schmeckt aber gut. Während das Ganze vor sich hinköchelt und sich aromatisch intensiviert – es muss mengenmäßig soviel sein, dass das Fleisch nachher darin schwimmen kann und vollkommen bedeckt ist – kommt die Bastelstunde. Mit dünner Schnur umbinde ich das Fleisch wie ein Paket, sodass ich an den beiden Enden jeweils eine Schlaufe habe (bei der aufrechten Variante genügt eine). Durch die schiebe ich einen quer über den Topf gelegten Holzlöffel und lasse das Päckchen freihängend im Sud baden. Wenn es nicht ganz bedeckt ist, gieße ich einfach noch etwas heißes Wasser dazu. Man muss das Ganze genau im Auge behalten: Wie beim Fisch soll es nicht blubbernd kochen, sondern nur ganz leise – pianissimo! – vor sich hin simmern, 20 bis 30 Minuten pro Kilogramm, bis das Fleisch zum Schluss mehr oder weniger rosa ist. Dann darf es auf einem warmen Teller mit Alufolie abgedeckt ruhen, während wir die durch ein Sieb gegossene Brühe vorweg aus Tassen schlürfen und in der Pfanne die Roten Beete als Begleiter warten.

Pfanne und Rote Beete vertragen sich bestens, viel besser, als alle glauben möchten, die die roten Knollen nur als penetrant süßsauren Matsch aus dem Glas kennen. Das ist gar nicht so überraschend, wenn man etwas genauer darüber nachdenkt, was beim Braten in der Pfanne eigentlich abläuft. Da geht es nämlich zu wie an einem richtig heißen Sommertag in Berlin, mit seiner trockenen Wärme: von außen bräunt und dörrt man, während die inneren Säfte allmählich ins Wallen geraten. Und wenn man nicht aufpasst, trocknet man auch innerlich irgendwann aus. Je direkter der Kontakt mit der Sonne, desto extremer dieser Effekt. Wenn man an so einem Tag barfuß auf sonnenheiße dunkle Steine oder Metall tritt, kann man sich am besten vorstellen, wie sich das Fleisch in der Pfanne fühlt – da jetzt noch ein Schuss Olivenöl dazwischen, und es brutzelt so richtig! Vereinfacht gesagt ist Braten mehr oder weniger starkes Austrocknen von außen nach innen, wobei sich unterstützt vom Fett durch karamellartige Effekte die charakteristische Kruste bildet, während durch die allmählich nach innen dringende Wärme dort erst eine langsame Garung stattfindet – die letztendlich aber bis zur vollständigen Austrocknung reichen kann: Fleisch grau und „durch“, Diagnose: Tod durch Austrocknung.

Braten ist mehr oder weniger starkes Austrocknen von außen nach innen, wobei sich unterstützt vom Fett durch karamellartige Effekte die charakteristische Kruste bildet, während durch die allmählich nach innen dringende Wärme dort erst eine langsame Garung stattfindet.

Doch zurück zu den Roten Beete: Sie müssen in wirklich dünne Stifte geschnitten werden (wieder was für Bastler: Knolle schälen, halbieren, Hälften in dünne Scheiben und diese in Stifte), sodass sie garen, ohne zu verbrennen. Ich brate langsam in Butter oder Olivenöl und sprenkle zum Schluss, wenn alles schon ganz appetitlich und nicht mehr roh aussieht, etwas Estragon- oder Balsamessig darüber. Das sorgt einerseits für einen kleinen Feuchtigkeitsschwall, sodass die roten Dinger ein bisschen weicher werden, ohne weiter auszutrocknen, und andererseits gibt die Säure einen tollen Aromakick. Ganz zum Schluss, wenn der Essig vollständig verkocht ist – gut durchmischen, dann tritt wieder der Glasierungseffekt ein –, streue ich noch ein bisschen gehackte glatte Petersilie über das Ganze.

Spargel lässt sich genauso braten, wenn man ihn schräg in relativ dünne Scheiben schneidet. Für meinen Geschmack braucht er den unterstützenden Dampfschwall nicht, aber wem das zu knackig ist, der kann mit ein bisschen Orangensaft oder einem Schluck trockenem Weißwein experimentieren. Knollensellerie sieht zwar störrischer aus als die Roten Beete, ist aber lockerer in der Struktur und in pommesartigen Stäbchen in Butter gebraten ziemlich schnell fertig – super zu Blattsalaten oder auf einem Linsengemüse. In nicht zu dünne Scheiben geschnitten, gibt er einen wunderbar würzigen Sockel unter jedwedem Fleisch ab oder ersetzt es auch komplett. Das Geheimnis liegt allerdings darin, ihn so langsam wie möglich zu braten, damit er gleichmäßig bräunt und nicht verbrennt, bevor er innen weich wird.

Damit sind wir generell bei einem ganz entscheidenden Punkt angelangt: Genauso wie wir uns über die Sommersonne freuen, aber stöhnen, wenn das Thermometer allzu hoch klettert, ist auch in der Pfanne weniger eindeutig mehr. Klar, zu niedrige Grade qualifizieren sich überhaupt nicht als Sommer und führen zu Klagen – da fängt auch in der Pfanne nichts an zu brutzeln. Wenn es jedoch zu heiß ist, verbrennt alles viel zu schnell und wird viel zu trocken, um noch großes Vergnügen zu bereiten. Weniger Hitze, gefühlvoll dosiert, immer mit allen Sinnen bei der Stimme aus dem Kochtopf beziehungsweise der Pfanne, ist eindeutig mehr. Am Anfang drehe ich ein wenig höher, damit erst mal alles in Gang kommt und die Temperatur nicht abrupt und zu stark abfällt, wenn Fleisch, Gemüse oder was auch immer in die Pfanne kommen. Wenn dann aber alles zufrieden vor sich hin schmurgelt und schnurrt wie eine Katze, die sich in der Sonne wohlig streckt, dann reduziere ich die Hitze. Wie bereits weiter vorne erwähnt, lassen sich so auch Steaks wunderbar in Butter braten, ohne dass diese verbrennt und ohne Hilfe des Ofens (darin lässt es sich allerdings auch hervorragend braten, mehr dazu im übernächsten Kapitel). Auch bei dieser entspannten Art des Bratens brauchen die

Weniger Hitze, gefühlvoll dosiert, immer mit allen Sinnen bei der Stimme aus dem Kochtopf beziehungsweise der Pfanne, ist eindeutig mehr.

Steaks aber nicht ewig in der Pfanne! Ich habe als Kind viele Sonntage paniertes Schweinekotelett zum Mittag gegessen, dem jedweder Gedanken an Saftigkeit durch übergebührliche Verweildauer in der Pfanne gründlich ausgetrieben worden war. Glücklicherweise hatten die Semmelbrösel und das Ei der Panade genug Fett aufgesogen, um das Ganze halbwegs erträglich zu machen ... Um meine Mutter in Schutz zu nehmen: extrem mageres Schweinefleisch ist wirklich schwierig auf den Punkt zu braten. Die allermeisten Schnitzel sind, wenn sie wirklich richtig dünn sind, viel zu lange gebraten. Im Zweifelsfall gilt: Wenn das Schnitzel gut aussieht und man meint, es bräuchte noch ein kleines bisschen länger – dann sofort raus damit!

Im Zweifelsfall gilt: Wenn das Schnitzel gut aussieht und man meint, es bräuchte noch ein kleines bisschen länger – dann sofort raus damit!

Bei allem, was in die Pfanne wandern soll, vor allem aber Fleisch, hilft es enorm, wenn man es schon eine Zeitlang vorher aus dem Kühlschrank nimmt, so dass es durch und durch Raumtemperatur annimmt. Es gart dann viel gleichmäßiger. Wann ein Steak innen so aussieht, dass es mir schmeckt – „fertig“ ist ein viel zu allgemeiner Begriff; was weiß ich, wie Hinz oder Kunz das Steak gern mag –, lässt sich ziemlich gut fühlen, damit haben wir uns bereits weiter vorne beschäftigt. Was trägt noch zum Bratvergnügen bei? Wenn Fleisch nach dem Brutzeln ein bisschen zur Ruhe kommen darf, sozusagen die Hitze verdauen und die inneren Säfte verteilen. Ich packe es um die zehn Minuten auf einen vorgewärmten Teller neben den Herd (in der Pfanne würde es weitergaren, außerdem brauche ich die unter Umständen für die Sauce) und decke es mit Alufolie oder einem zweiten, umgestülpten Teller ab. Was sich dabei an Saft bildet, wandert mit in die Sauce (keine Panik, zu dem Thema kommen wir gleich!).

Und weil ich gerade wieder in einem Buch eine hochnotpeinliche Abhandlung darüber gelesen habe, wann denn nun wissenschaftlich untersucht und erwiesen und in der Theorie und der Praxis erprobt wirklich der richtige Moment sei, Fleisch zu würzen ... Thesen und Theoreme hin oder her, ich salze Fleisch, kurz bevor ich es in die Pfanne lege, sonst schmeckt es nämlich zumindest für meinen Gaumen ziemlich fad. Salzt man zu früh, bildet sich Feuchtigkeit auf dem Fleisch, und das Fett spritzt einem protestierend entgegen. Pfeffer hingegen bekommt das Ganze bei mir entweder in der Pfanne oder erst nach dem Braten. Ich habe den Eindruck, die ätherischen Öle, die dabei geschmacksgebend sind, verbrennen und verfliegen sonst. Gewürzspezialist Ingo Holland sagt allerdings, Pfeffer brauche nicht nur die Hitze beim Anbraten, sondern füge sich etwa beim Schmoren viel harmonischer in das geschmackliche Gesamtergebnis ein – also auch hier: selbst und für den eigenen Geschmack ausprobieren! Was gleichermaßen für die Menge gilt; nichts ist lächerlicher in einem Rezept als die Angabe „1 Teelöffel Salz" oder „1 Pfeffermühlenumdrehung". Je länger man über unterschiedliche Salz- und Pfeffersorten und damit Volumen und Intensität, persönliche Geschmacksvorlieben und variierende Eigenschaften des zu Würzenden nachdenkt, desto aussageloser sind solche Anweisungen.

Was brate ich noch in der Pfanne? Mit großem Vergnügen zum Beispiel Champignons, in nicht zu dünnen Scheiben und auf keinen Fall zu heiß. Wenn man mit der Butter dabei eher großzügig ist, dann müssen Steinpilze oder Pfifferlinge schon von außergewöhnlicher Qualität sein, um ihren deutlich höheren Preis zu rechtfertigen. Blutwurst mag ich auch lieber aus der Pfanne als aus dem Wasserbad; ich schäle sie aus der Pelle und schneide sie schräg in dicke Scheiben. Das gibt zusammen mit Pfifferlingen (ja, da jetzt doch mit Speck und Zwiebeln!) zu breiten Bandnudeln eine äußerst wonnige Kombination ab. Bei Leber habe ich zweierlei Methoden im Repertoire: Entweder ich brate sie wie ein Steak in Butter – wer sie außen krustiger mag, der bestäubt sie vorher mit Mehl. Oder ich habe frischen Salbei da und denke mich nach Venedig: viel Zwiebelstreifen in Butter und/oder Olivenöl sanft, also ohne viel Farbe anschwitzen, den Salbei in feinen Streifen dazugeben und die Leber in nicht zu dünnen Scheibchen darin ebenso sanft halb braten, halb gar ziehen lassen – geht superschnell, wenn sie noch saftig sein soll!

Schließlich Entenbrust, bei der das Geheimnis darin besteht, der dicken Fettschicht der Haut während des Bratens ihren Inhalt zu entlocken.

Das ist ganz einfach, wenn man sich die Mühe macht und sie wirklich sorgfältig und möglichst dicht mit einem scharfen Messer gitterartig einschneidet, und zwar bis ganz aufs, aber keinesfalls ins Fleisch. Dann die Hautseite gründlich mit Salz einreiben, ein bisschen ziehen lassen und vor dem Braten trocken tupfen. Fett in der Pfanne ist überflüssig, die Enten-Eigenmarke mehr als ausreichend – wenn man es nicht verbrennen lässt, kann man es auch wunderbar für Bratkartoffeln oder ähnliches verwenden. Zuerst und hauptsächlich auf der Hautseite braten, aber zum Ruhen aufs Fleisch legen, damit knusprig bleibt, was hoffentlich knusprig ist!

Bei den kompakteren Schenkeln der watschelnden Genossen stößt die Pfanne jedoch eindeutig an die Grenzen ihrer Möglichkeiten, die lassen sich wie viele andere größere Stücke wesentlich entspannter im Ofen machen. Doch zuerst zu den Saucen, einem Dauerthema, das viel zu viele viel zu nervös werden lässt – relax! Wobei bei diesem Stichwort unbedingt noch zu erwähnen ist, dass eine Teflonpfanne das Leben wirklich ganz entschieden einfacher macht, wenn man auf Rührei, Omelett, Eierkuchen und ähnliches steht …

Panikfalle Sauce – von stundenlangem Köcheln bis im Handumdrehen

Warum dieser Stress, der bei manchen förmlich an Verzweiflung grenzen kann, wenn es ums Thema Sauce geht? Je mehr ich darüber nachdenke, desto unnötiger finde ich ihn. Sind das Reminiszenzen aus der Zeit, als Mami am Herd stand und Sonntagsbraten mit viel brauner Sauce gekocht hat, die dann auch für ein paar Wochentage reichte, um Salzkartoffeln oder Spätzle gehörig anzufeuchten? Manch einer hängt sich vielleicht auch einfach selbst die Latte zu hoch und lässt sich unbewusst von der Profiküche unter Druck setzen. Paul Bocuse, die Ikone der klassischen französischen Küche unserer Zeit, widmet den Saucen in seinem 1976 erschienenen Standardwerk volle 40 Seiten – und das ist eine „neue", verschlankte Version der überlieferten Rezepte! Auch wenn die Kochkünstler der Gegenwart keine Sauce Robert oder Béchamel mehr kochen, betreiben sie nach wie vor großen Aufwand für Jus und Demiglace, „Fleischsaft" in unterschiedlich konzentrierter Form. Sie rösten Knochen und Fleischabschnitte mit Zwiebeln und allerlei Wurzelwerk an, löschen mit mehr oder weniger Alkoholischem ab, lassen wieder einkochen, glasieren, löschen aufs Neue ab, füllen schließlich auf, schäumen ab, entfetten, passieren, reduzieren … Kann man natürlich alles zu Hause auch machen, wenn man Zeit und Lust dazu hat. Besonders Hobbyköche – womit ich in diesem Fall etwas gehässig die wochenend-kochende männliche Spezies meine, die mit der nahrungstechnischen Grundversorgung unter der Woche nicht nur überfordert ist, sondern diesen rein praktischen Einsatz ihrer Kapazitäten auch als unter ihrer Würde empfindet – Hobbyköche also profilieren sich gern bei entsprechenden Einladungen schon zum Aperitif mit der Schilderung des stundenlangen Saucenköchelns. Mir ist es ernst mit dem Kochen, will das sagen, eigentlich bin ich ein kleiner Lafer, Schubeck oder Witzigmann …

Das alles bedeutet doch aber nicht, dass Saucen nicht auch auf vergnüglich entspannte Weise entstehen können, ohne stundenlanges Werkeln! Es geht wirklich unkompliziert. Eine Möglichkeit sind natürlich Schmorgerichte wie Lammhaxen und Ossobuco, die ihre eigene Sauce sozusagen von selbst produzieren. Aber das bringt uns nicht weiter, was die mehr oder weniger flüssigen Begleiter – auf dem Teller – zu einem Steak oder einer Entenbrust betrifft. Die einfachste Lösung in diesem Fall besteht darin, während das Fleisch brät, eine Zwiebel zu schälen und zu würfeln, nach Belieben auch eine Knoblauchzehe, vielleicht ein bisschen Petersilie oder Basilikum zu hacken. Wenn das Fleisch dann ausruht von den Strapazen der Hitze, bleibt mir genau genug Zeit, um in derselben Pfanne die Zwiebel anzuschwitzen – je nach Fettlage gebe ich vielleicht noch ein Stückchen Butter oder einen kleinen Schuss Olivenöl dazu und lösche mit etwas Wein und/oder Wermut ab. Den lasse ich schnell einkochen, wobei ich alles vom Pfannenboden schabe und kratze, was sich so während des Fleischbratens festgesetzt hat und köstlich schmeckt. Am Ende kommen noch die Kräuter dazu, und ich habe ein paar Löffel wunderbares Aromakonzentrat – wer sagt, dass auf meinem Teller grundsätzlich Saucen-Hochwasserstand herrschen muss? Die Methode lässt sich variieren und ausbauen: Besonders in Verbindung mit dem Entenfett lösche ich etwa statt mit Wein mit Wasser ab und gebe dann zum Schluss einen Schuss Balsamico dazu – oder rühre noch ein wenig Senf hinein, in etwa nach dem Prinzip einer warmen Vinaigrette. Oder ich schwitze bereits, während das Fleisch noch brät, separat eine größere Menge Zwiebelstreifen langsam in Butter an und gebe die in die Fleischpfanne, nachdem ich den Bratensatz mit Wein oder Wasser losgekocht habe.

Ein paar Löffel wunderbares Aromakonzentrat reichen – wer sagt, dass auf meinem Teller grundsätzlich Saucen-Hochwasserstand herrschen muss?

Wenn ich Fisch oder Fleisch in größeren Mengen Flüssigkeit gebadet habe und mich nach einer substantielleren Sauce gelüstet als dem reinen Sud, dann schwitze ich ebenfalls schon parallel noch ein paar Zwiebelwürfel in Butter an, lösche wieder mit Wein und/oder Wermut ab, koche den richtig sirupartig ein und gebe dann eine Kelle von dem Sud dazu. Wiederum schnell etwas herunterkochen lassen und ganz nach Lust und Laune vielleicht mit Saucenbinder ein bisschen andicken und einen Schuss Sahne hinein oder einfach ein paar Stückchen kalte Butter einschwenken. Aromatechnisch lässt sich dabei alles Mögliche von gewürfeltem Tomatenfleisch über geriebenen Ingwer, Meerrettich bis hin zu verschiedensten Gewürzen ins Spiel bringen. Soll es nur einfach noch „fleischiger" schmecken, dann hilft ein Schuss aus der Worcestershire-Flasche.

Die Sauce lässt sich herstellungstechnisch aber auch komplett von Fleisch oder Fisch abkoppeln. Das Grundprinzip bleibt dasselbe: Ich schwitze Geschmacksgeber wie Zwiebeln und Speck an, vielleicht auch ein paar Pilze, Apfelwürfel, Tomate, Paprikaschote ... in Butter, Olivenöl oder auch Entenfett, lösche mit Wermut ab, lasse den stark einkochen, fülle dann mit Wein und/oder Wasser auf, gebe Gewürze dazu und lasse alles ein Weilchen kochen. Je nach Komposition kommt auch Sahne oder Kokosmilch dazu, oder ich halte kurz den Stabmixer hinein und gieße das Ganze durch ein Sieb.

Die Sauce lässt sich herstellungstechnisch aber auch komplett von Fleisch oder Fisch abkoppeln.

Ein wahres Glanzstück zu Kalbskoteletts ist eine Morchelrahmsauce. Zuerst übergieße ich die getrockneten Morcheln mit kochendem Wasser, koche sie nach einer knappen halben Stunde einmal kurz auf und lasse sie abtropfen – die Flüssigkeit aber auffangen, die ist aromatisch wertvoller Stoff! Dann kommt wieder die Butter-Zwiebelwürfel-anschwitz-Wermut-einkoch-Nummer, wobei die Morcheln gleich mit zur Zwiebel wandern und nach dem Wermut das Einweichwasser in den Topf kommt. Einkochen lassen und erst dann mit einem möglichst fülligen, gerne auch ganz leicht süßlichen Weißwein aufgießen. Wenn der wiederum ein bisschen eingekocht ist, dann helfe ich der Konsistenz mit wenig Saucenbinder nach und gebe dann einen ordentlichen Schuss Sahne dazu: für meinen Geschmack muss eine Morchelrahmsauce so richtig dekadent kremig sein!

LES SAUCES
SAUCEN
THE ORIGINAL & GENUINE
LEA & PERRINS
Weingut
ÖKONOMIERAT REBHOLZ
2003
PFALZ

Salz, Pfeffer, Muskatnuss, vielleicht ein Hauch Cayenne, fertig. Das hört sich alles langwierig an, ist aber eine Sache von Minuten, schließlich geht es hier nicht um riesige Mengen.

Ein ganz anderes Grundprinzip liegt der roten Buttersauce zugrunde, die allerdings nichts für Antialkoholiker ist (obgleich der Alkohol selbst weitgehend verdampft): Ich koche dafür einen nicht zu säure- oder holzlastigen Rotwein mit reichlich Schalottenwürfeln und vielleicht etwas Thymian auf ein Drittel bis ein Viertel ein, gieße das Ganze durch ein Sieb und dicke dieses Konzentrat mit einer Spur von Saucenbinder an. Wenn dann das Fleisch gebraten oder der Fisch gedämpft ist – passt nämlich wirklich gut zu Fisch! – dann erhitze ich diese Saucenbasis, nehme sie vom Herd und rühre nach und nach reichlich eiskalte Butter in kleinen Stückchen hinein. Wenn die Temperatur stimmt – nicht zu heiß, nicht zu kalt – dann ergibt das eine ganz leicht gebundene, wunderbar geschmeidige und durch die Säure des Weins doch nicht schwere Begleitung zum Hauptdarsteller auf dem Teller – auf den sollte sie allerdings auch sofort, sonst schmollt sie genauso wie beim etwaigen Aufkochen. Das Ganze funktioniert natürlich auch mit Weißwein und lässt sich noch aufpäppeln, wenn man gleich zu Anfang einen Schuss Portwein mitkocht.

Saucen müssen nicht immer als Saucen konzipiert sein: Kürbissuppe etwa macht sich bestens zu einem Stück Lachs, einer Scheibe Hirschrücken oder auch zur Pasta. Und in konzentrierterer Form ist Kürbispüree gleichzeitig Sauce und Gemüse. Mit ein paar Tropfen Kürbiskernöl und einigen in der Pfanne gerösteten Kürbiskernen sieht das nicht nur super aus, sondern bekommt auch eine weitere Geschmacksdimension. Dasselbe mache ich mit Selleriepüree und Walnussöl und -kernen. Einen Rest Tomatensuppe koche ich vielleicht ein bisschen ein, damit er als Sauce konzentrierter und dickflüssiger ist, während eine Ratatouille beziehungsweise mit Tomate geschmortes Gemüse unterschiedlichster Art sowieso jegliche Sauce überflüssig macht – darin lassen sich übrigens auch

Saucen müssen nicht immer als Saucen konzipiert sein: Kürbissuppe etwa macht sich bestens zu einem Stück Lachs, einer Scheibe Hirschrücken oder auch zur Pasta.

bestens vorher angebratene Kaninchen- oder Hühnerschenkel köcheln, wodurch beide Beteiligten gewinnen.

Ein etwas flüssiger gehaltenes Kartoffel- und/oder Gemüsegratin erübrigt gleichermaßen jeglichen Aufwand in puncto Sauce. Eine andere Möglichkeit besteht darin, etwa Blattspinat beim Anschwitzen mit Butter und Zwiebelwürfeln zum Schluss mit einem Löffel Sahne anzureichern, darüber freut sich ein gedämpftes Rotbarschfilet ganz besonders. Bei Champignons gefällt mir das auch gut, mit ein paar Blättern Estragon und einem Spritzer Zitrone vielleicht.

Es steht nirgendwo in Stein gemeißelt, dass Saucen zu warmem Fleisch, Fisch oder zur Pasta ebenfalls warm sein müssen. Dieser Ansatz bringt uns keinesfalls direkt zu Spaghetti mit Ketchup, sondern zum Beispiel zu pürierter Avocado. Die kann mit Zitrone, Zwiebel, Knoblauch, Tomatenwürfeln, Chili und frischem Koriander zur Guacamole gestylt sein oder einfach mit ein paar Tropfen Olivenöl, Salz und Pfeffer mit der Gabel grob zerdrückt. Zu gebratenem Lamm oder auch gegrillten Auberginenscheiben – oder beidem zusammen – gefällt mir eine Tomatenvinaigrette. Dafür schneide ich entkernte Tomaten in kleine Würfel – wenn es ganz schnell gehen muss beziehungsweise die erhältlichen frischen Tomaten ausschließlich optisch beeindrucken, tut es auch ein kleiner Tetrapak Tomatenfleisch in Würfeln – und mische Zwiebelwürfel (rote machen sich besonders gut), etwas Tomatenpüree und Basilikum in Streifen mit Balsamico, Olivenöl, Salz und Pfeffer. Noch erfrischender ist im Sommer eine Salsa, die auf Öl ganz verzichtet, den Balsamico durch reichlich Limettensaft ersetzt und mit Chili und Knoblauch für Kick sorgt. Da lässt sich statt mit Tomaten auch mit Mango oder Nektarinen spielen, passt frischer Ingwer, Minze und Koriander. Zu gebratenen oder gegrillten Garnelen fehlt dann zumindest zu meinem Sommerglück nur noch eine Flasche Muskateller!

Es steht nirgendwo in Stein gemeißelt, dass Saucen zu warmem Fleisch, Fisch oder zur Pasta ebenfalls warm sein müssen.

A propos Sommer: Wenn es im Hofladen oder auf dem Markt richtig dicke Bunde leuchtend grünes Basilikum gibt statt der anämischen kleinen Pflänzchen im Plastiktöpfchen, dann lässt sich natürlich Pesto selber machen – und im Mörser gerieben, schmeckt das Endergebnis deutlich aromatischer als aus dem Mixer. Es muss aber gar nicht so aufwendig sein: schon allein mit Olivenöl püriert und mit Salz abgeschmeckt verbreitet dieses Kraut extrem viel gute Laune. Petersilie ist ein bisschen hartnäckiger, da koche ich die Blätter vorher kurz in Salzwasser, drücke sie aus und püriere sie dann – mit Olivenöl, wenn ich das Ganze kalt essen möchte, oder aber mit etwas Sahne, dann macht es sich vorsichtig erwärmt großartig zur gekochten Rinderbrust. Und wenn dann noch glasierte Petersilienwurzeln dazukommen, dann ist das mit einem gebratenen Rinderfilet wirklich grandios gut!

Doch selbst ein paar Tropfen gutes Öl für sich können im Ernstfall den Saucenpart spielen, ob mit Kräutern oder ohne, oder auch ganz einfach ein Löffel Crème fraîche, oder ein wenig Chutney, oder … Mit den Saucen ist es wie im richtigen Leben: Es kann so einfach sein, wenn man es sich nicht unnötig schwer macht.

Mit den Saucen ist es wie im richtigen Leben: Es kann so einfach sein, wenn man es sich nicht unnötig schwer macht.

Übrigens: Boshaftigkeiten über Hobbyköche beiseite, auch ich habe natürlich schon zu Hause „richtige“ Saucen gekocht. Wie die Geschichte mit der Brühe oder dem Eintopf ist es eigentlich hauptsächlich etwas langwierig, aber keinesfalls kompliziert. Man muss sich nur ganz logisch überlegen, dass nichts mit Geschmack herauskommen kann, wenn man nichts mit Geschmack hineingibt – außer man kocht das Ganze derart extrem ein, dass irgendwann zwangsläufig irgendwelche Karamelltöne entstehen und nach „brauner Sauce“ schmecken. Ansonsten kleingehackte Kalbs- oder Lammknochen mit ein bisschen Speck kräftig anbraten, reichlich Zwiebel und Knollensellerie in groben Würfeln dazu, die ebenfalls so richtig brutzeln sollen, nach Geschmack auch Knoblauch,

Man muss sich nur ganz logisch überlegen, dass nichts mit Geschmack herauskommen kann, wenn man nichts mit Geschmack hineingibt.

Karotten, eine Tomate schadet keinesfalls, robuste Kräuter wie Thymian oder Rosmarin … dann mit Wein ablöschen, bevor es am Topfboden allzu schwarz zugeht (und das Endergebnis an die bitteren Seiten des Lebens erinnert). Alles gut loskochen, dann mit soviel Wasser auffüllen, dass die Knochen gut bedeckt sind, leicht salzen, Gewürze wie Pfefferkörner, Lorbeer, Wacholder zugeben und ganz leise kochen lassen. Abschäumen und entfetten macht die fertige Sauce in jeder Beziehung klarer, das hatten wir schon bei der klaren Suppe. In welchem Verhältnis man Wein und Wasser dosiert, ist eine persönliche Frage wie bei der Schorle, je mengenmäßig präsenter, desto entscheidender ist die Qualität des Weins. Übermäßige Säure kann genauso zum Problem werden wie starke Holztöne, weil diese Geschmackskomponenten nicht verkochen, sondern sich im Gegenteil konzentrieren. Ich finde zum Beispiel Grauburgunder der üppigeren Art beim Weißwein (für etwas leichtere Saucen) und Côtes-du-Rhône-artige rote Landweine für kräftige Saucen sehr geeignet (das gilt auch für die oben erwähnte Buttersauce).

Fertig ist eine solche Sauce quasi nie, sie lässt sich immer noch weiter einkochen, auffüllen, ein Rest wieder neu ansetzen und mit ein bisschen angebratener Zwiebel, Tomate und roter Paprika etwa aufpäppeln … endloses Kochen der Knochen bringt jedoch nichts, da ist von Zeit zu Zeit probieren gefragt: Irgendwann schmeckt's nämlich nur noch leimig. Dann durch ein mehr oder weniger grobes Sieb passieren, wahrscheinlich noch einmal entfetten und am besten in Portionen einfrieren. So hat man dann im Ernstfall zu einem kurzgebratenen Stück Fleisch eine „richtige Sauce", die sich weiter einkochen lässt, mit Kräutern, eingekochtem Blutorangen- oder Holunderbeersaft anreichern und schließlich mit kalter Butter (und/ oder Saucenbinder!) leicht binden – alles, so man denn will, ohne jeglichen Zwang oder Stress. Und ansonsten, fürs „normale" Leben: siehe weiter oben.

Es gemächlich angehen: Braten und Schmoren im Ofen

Wenn man seine Stärken erst erkannt hat, ist der Backofen ein richtig guter Kumpel: Er springt immer dann ein, wenn Topf und Pfanne auf dem Herd mehr oder weniger überfordert sind. Warum sind sie überfordert? Alles zu eng und direkt da oben – wie an heißen Tagen am Strand besteht das Risiko, sich durch den unmittelbaren Kontakt ernsthaft die Füße zu verbrennen! Kompaktere Stücke wie die Entenschenkel laufen Gefahr, außen zu verbrutzeln, bevor sie innen einen genießbar-vergnüglichen Zustand erreicht haben. Im Ofen hingegen lässt sich die Wärme rundherum – quasi aus dem Schatten heraus – besser ertragen und gleichmäßig innen und außen „verwerten". Es ist wie der Griff zur Gangschaltung, wenn der Berg droht: Man muss weiter treten, aber das Ganze ist erträglich, und man kommt zuverlässig zum Ziel.

Der Ofen kann Verlängerung aller Aktionen oben in der Pfanne sein: Ich brate die Entenschenkel oder auch ein dickeres Stück Fisch an, und wenn es eigentlich wunderbar fertig aussieht, ich aber durch Fingerdruck oder einen behutsamen Stich mit dem Messer feststelle, dass es sich innen noch weitgehend im kalten Rohzustand befindet, dann schiebe ich das Ganze in den vorgeheizten Ofen. Bei welcher Temperatur? Einer „Allround"-Brat- und Backtemperatur – bei meinem Ofen steht der Regler dabei mit Umluft auf knapp 180 °C, was aber noch lange nicht heißt, dass genau diese auch im Inneren herrschen. Man stellt ziemlich schnell fest, ob man einen Gang höher oder niedriger schalten muss: Es tut sich entweder zu viel und zu schnell oder gar nichts. Ansonsten gilt genau dasselbe wie ganz allgemein beim Braten, nämlich beobachten, hinhören, betasten und schließlich ruhen lassen.

Aber Kumpel Ofen ist auch im Alleingang stark. Wenn man ihn lässt, übernimmt er gerne und souverän die Hauptrolle in der Küche. Deshalb besteht auch nicht der geringste Grund, vor größeren Fleischstücken übertriebenen Respekt zu haben oder gar in ratlose Panik zu verfallen. Ich finde, ein richtig gutes Roastbeef oder die schon so oft erwähnte Lammkeule – mit oder ohne Knochen – ist ganz im Gegenteil genau das Richtige, wenn eine größere Runde geplant ist. Der Ofen kümmert sich darum quasi ganz alleine, Sauce und Gemüse lassen sich separat vorbereiten, man kann ganz in Ruhe etwas vorweg schnabulieren und braucht das gute Stück nur im richtigen Moment aus dem Ofen zu holen. Okay, okay, ich höre die Proteste! Im richtigen Moment, genau das sei doch das Problem! So wirklich schön saftig und rosa – wie kriegt man das hin ohne sechsten oder gar siebten Sinn? Hier also wie versprochen die zweite Antwort zu den „ernsthaften" Braten, die auch zeigt, dass ich beileibe keine sture Idealistin bin: Ein bisschen Technik und Mathematik hilft gelegentlich! Ich wiege das Fleisch vor dem Braten und berechne dann die ungefähre Garzeit. Mein persönlicher Richtwert – eine der wenigen Zahlen, die mein küchentechnisches Gedächtnis fest gespeichert hat – lautet: 45 Minuten pro Kilogramm für wonnige rosa Ergebnisse. Das gilt sowohl für Roastbeef als auch für Lammkeule. Bevor ich aber jetzt darauf festgenagelt werde: je dicker und kompakter das Stück, desto zutreffender ist dieser Wert, je dünner, flacher und länger, desto weiter nach unten muss er angepasst werden. Außerdem kommt meine Bequemlichkeit hier wieder ins Spiel. Ich spare mir das Anbraten oben auf dem Herd und lasse stattdessen den Ofen ein bisschen mehr arbeiten. Ich heize ihn mit der Pfanne oder dem Blech darin auf deutlich über 200 °C auf, gebe einen Schuss Olivenöl hinein und dann das mit Salz eingeriebene Fleisch. Nach ungefähr zehn Minuten ist es auf der einen Seite schön gebräunt, dann drehe ich es um, und nach weiteren zehn Minuten schalte ich auf knapp unter 180 °C zurück. Die 45 Minuten pro Kilogramm gelten vom ersten Eintauchen ins Hitzebad! Trotz Timing und Selbständigkeit freut sich der Ofen bezie-

Aber Kumpel Ofen ist auch im Alleingang stark. Wenn man ihn lässt, übernimmt er gerne und souverän die Hauptrolle in der Küche.

Thomas Mann war ein
scheußlicher, ungeistiger
Schriftsteller, der nur für
Kleinbürger geschrieben
STEVENS
12,98
Auguste
Reymond
INCABLOC

hungsweise sein Inhalt allerdings über etwas zusätzliche Aufmerksamkeit. Ein prüfend tastender Finger lernt sehr schnell, wie sich das Fleisch in seiner Konsistenz merkbar verändert, mit dem Garen immer fester wird. Wem das alles immer noch zu unsicher ist, der kann auch nach dem Anbräunen einfach ein Fleischthermometer in die dickste Stelle des Bratens stechen. Wenn es um 60 °C anzeigt, sollten innen rosige Zeiten angebrochen sein. Wie auch immer man vorgeht – Ruhezeit muss sein! Mit einer Alufolie abgedeckt bleibt so ein Stück Fleisch auf einem Brett am Rand des Herds ziemlich lange warm, und mindestens eine Viertelstunde sollte man ihm vor dem ersten Schnitt schon gönnen.

Ein prüfend tastender Finger lernt sehr schnell, wie sich das Fleisch in seiner Konsistenz merkbar verändert, mit dem Garen immer fester wird.

Lammrücken brät sich zwar ohne Knochen wesentlich schneller, wird aber saftiger mit diesem naturgegebenen „Gerüst", und ein Stück Hochrippe, also quasi Entrecôte am Knochen, ist für mich die Krönung aller Braten. Bei einer Lammkeule hingegen ist es wirklich Geschmackssache, ob man sie vor dem Braten vom Knochen befreit oder nicht. Vorteil der beinlosen Variante: Das Fleisch lässt sich später einfacher aufschneiden, und man kann das Innere mit allerlei Geschmacksboostern von Kräutern über getrocknete Tomaten bis zu körnigem Senf oder Olivenpaste füllen. Aromasteigernd wirkt sich auch ein Bratbett aus frischen Thymian- und/oder Rosmarinzweigen aus, ebenso wie vorheriges Marinieren. Dabei finde ich alle Kombinationen mit Zitrone besonders effektiv, deren Saft durch die Säure außerdem ein echter Zartmacher ist. Ein Brathuhn – das in Topqualität zu den wieder zu entdeckenden kulinarischen Höhepunkten gehört – bekommt einen Extrakick, wenn man den Vogel am Vortag mit einer halben Zitrone richtig kräftig rundherum abreibt, dann den Saft darüber träufelt, die andere Hälfte zusammen mit einer halbierten Knoblauchknolle und reichlich frischem Rosmarin ins Innere stopft und schließlich außen und innen großzügig salzt. Abdecken und über Nacht in den Kühlschrank damit, am nächsten Tag im gut heißen Ofen mit Olivenöl beträufelt erst auf der Brust und dann auf dem Rücken anbraten, wie oben beschrieben die Temperatur reduzieren und langsam fertig braten. Das schmeckt auch lauwarm oder kalt hervorragend und lässt sich bestens mit halbierten kleinen Kartoffeln, kleinen Zwiebeln oder Paprikastreifen ergänzen: einfach alles von Anfang an ums Huhn verteilen und ebenfalls mit reichlich Zitronensaft und etwas Olivenöl mischen.

Dasselbe Grundprinzip mit dem Kartoffeln/Gemüse-Mitbraten funktioniert wunderbar für ganze Fische, etwa Zander oder Doraden. Da der Fisch jedoch schneller „fertig" schreit als die Kartoffeln, empfiehlt es sich, dem Gemüse generell einen kleinen Vorsprung zu geben und den Wasserbewohner erst etwas später daraufzupacken. Zum Rotbarsch meiner Kindheit gab es früher die unvermeidlichen Salzkartoffeln und als Grünzeug Kopfsalat (mit süßem Dressing aus saurer Sahne, Zitrone und Zucker – die Zeiten ändern sich). Deshalb krümmte sich der – bereits vom Fischhändler geköpfte und ausgenommene – Riesengoldfisch als Solist in der quadratischen Jenaer-Glas-Form. Lediglich an den Seiten wurden seine dicksten Stellen etwas eingeritzt und ordentlich mit Butterflocken besetzt.

Aber der Solistenspieß lässt sich auch umdrehen: Gemüsegratins in allen denkbaren Variationen lassen sich bestens im Voraus zubereiten und während der fleischlichen Ruhezeit im noch heißen Ofen wieder aufwärmen. Klassiker dieser Disziplin ist natürlich das Kartoffelgratin: Form mit Butter ausfetten, mit Zwiebelwürfeln und vielleicht ein paar Thymianblättern ausstreuen – vielleicht eine halbierte Knoblauchzehe? Geschälte Kartoffeln in mehr oder weniger dünnen Scheiben schuppenförmig mehr oder weniger dicht darauflegen, kräftig mit Salz, etwas Pfeffer und Muskatnuss würzen und mit kochendheißer flüssiger Sahne angießen, sodass die Kartoffeln gerade noch herausschauen. Dann ab in den Ofen, bis das Ganze wunderbar goldbraun verführerisch aussieht und die Kartoffeln sich beim Stich mit dem Messer als weich zu erkennen geben. Nach diesem Grundschema – Rohes in Flüssigkeit garen, die gleichzeitig einkocht und oben eine schöne Kruste bildet – lässt sich endlos variieren. Die Kartoffeln vertragen sich zum Beispiel gut mit Sellerie, Fenchel und Karotten oder auch – Luxus! – frischen Steinpilzen in Scheiben. Es muss dabei keineswegs immer Sahne im Spiel sein: Zucchini, Kartoffeln und Tomatenscheiben machen sich mit reichlich Schalottenwürfeln, Oregano und einem Schuss Olivenöl auch mit Wasser oder Brühe angegossen bestens. Für eine richtige Kruste sollte man dann allerdings mit etwas geriebenem Brot und/oder Butterflocken nachhelfen.

Für alle selbstbestimmten, pragmatischen Köche hat der Ofen darüber hinaus einen richtigen Joker in der Hinterhand: das Schmoren. Ich bin noch nie hinten auf einem Tandem mitgefahren, aber ich stelle mir vor, dass es eine gute Übung in Vertrauen und Gelassenheit ist. Der Vordermann lenkt und achtet auf den Verkehr, während man selber ganz entspannt und vergnügt seine Umwelt betrachten kann und einfach nur mittreten muss – aber nicht gleich umkippt, wenn man zu wenig tritt. Der unbewegliche Lenker ist zweifellos gewöhnungsbedürftig, aber man ist dabei durchaus nicht ganz machtlos, durch Zuruf oder Schulterklopfen lässt sich Einfluss nehmen aufs Geschehen. Mit dem Schmoren verhält es sich ähnlich – entspanntes Vertrauen ist gefragt, dann ist alles super-relaxed. Es kommt auf ein paar Minuten länger nicht an, die ganze Geschichte lässt sich bestens vorbereiten und aufwärmen, produziert die eigene Sauce – und eventuell noch welche für einen Teller Pasta! Allerdings muss ich zugeben, dass ich wirklich lange gebraucht habe, um Prinzip und Vorzüge des Schmorens zu begreifen. Braten war klar und logisch: ein Stück Fleisch ist erst roh und wird dann graduell beim Garen immer „genießbarer" (okay, irgendwann auch Schuhsohle – aber bei allem gibt es ein Zuviel!). Beim Schmoren hingegen wird etwas Rohes durchs Anbraten erst lecker goldbraun und erscheint schon halbwegs genießbar – und dann kommt Flüssigkeit ins Spiel, und mit dem ersten Aufkochen ist alles schlagartig grässlich zäh … Erst als ich zumindest ansatzweise die Physik dahinter begriffen habe, konnte ich mich mit diesem scheinbaren Paradox anfreunden. Seitdem sind wir jedoch richtig dicke Freunde!

Für alle selbstbestimmten, pragmatischen Köche hat der Ofen darüber hinaus einen richtigen Joker in der Hinterhand: das Schmoren.

Was passiert beim Schmoren? Vereinfacht gesagt, ist es ein Double Act, die Kombination der trockenen Hitze beim Braten, was vor allem für Geschmacksstoffe sorgt, und der warmen Feuchte beim Kochen, wodurch Grobfaseriges und/oder zähe Eiweißstoffe wie Sehnen oder sehr feste Zellulose weich werden. Die erste Annäherung zwischen den beiden Methoden findet bereits statt, wenn man etwa auf den Topf mit den Entenschenkeln nach dem Anbraten einen festsitzenden Deckel packt, und sie dadurch von innen heraus in ihrem eigenen Saft „brodeln" – wie wir selbst bei schwülem Wetter und über 30 °C im Schatten, ob nun auf dem Fahrrad, Tandem oder mit beiden Füßen auf dem Boden. Durch den Dunst im Topf ist natürlich die knusprige Haut vom Anbraten hin, aber das wird für meinen Geschmack dadurch ausgeglichen, dass das Fleisch deutlich saftiger schmeckt als beim reinen Braten. Ähnlich wie beim zitronisierten Huhn fühlen sich auch bei den gedeckelten Entenschenkeln ein paar wurzelige Gemüse ausgesprochen wohl. Meine Lieblingsbegleiter sind Teltower Rübchen oder auch Petersilienwurzeln, die in dem Entenfett wunderbar glasieren, aber eben auch Feuchtigkeit brauchen, um überhaupt weich zu werden. Rinderhüftsteak bekommt dieses selbsterzeugte innere Dampfbad ebenfalls hervorragend. Die nicht zu dünnen und möglichst schön mit Fett durchzogenen Scheiben brate ich gar nicht erst an, sondern bette sie mit Salz und Pfeffer gut gewürzt zwischen reichlich Zwiebelstreifen, vielleicht auch etwas Knoblauch, Deckel darauf und für mindestens zwei Stunden – inklusive einmal wenden – ab in den Ofen damit! Denn gut verteilte Rundum-Hitze ist essenziell, damit Zwiebeln und Fleisch ganz langsam vor sich hin schmoren, bis hin zu mürber Saftigkeit, und dann in dicke Streifen geschnitten nur noch nach einer Handvoll frischer Petersilie verlangen. Wann Geschmortes „fertig" ist? Hingucken, hinfassen: Wenn es weich und mürbe nachgibt und sich gegebenenfalls vom Knochen löst, ist es Zeit, den Wein einzuschenken.

Was passiert beim Schmoren? Vereinfacht gesagt, ist es ein Double Act, die Kombination der trockenen Hitze beim Braten und der warmen Feuchte beim Kochen.

Je mehr Festes weich zu kochen ist, desto mehr Feuchtigkeit ist gefragt. Die Steigerung vom Schmoren im eigenen Saft ist folglich – basic, my dear

Watson! – die Zugabe von Flüssigem, sei es nun Wasser oder Wein. Ansonsten wie gehabt, anbraten, für Feuchtigkeit sorgen, eventuell Gemüse dazu, Deckel darauf und ab in den Ofen. Wenn man das Fleisch nach dem Anbraten vorübergehend aus dem Topf nimmt, lässt sich der Bratensatz besser loskochen, und die Sauce gewinnt dadurch. Nichts anderes steckt hinter Ossobuco: nicht zu dünne Kalbshaxenscheiben anbraten (wenn man sie vorher in Mehl wälzt, bekommt die Sauce etwas Bindung), den Bratensatz mit etwas Weißwein loskochen, das Fleisch nebeneinander einsortieren und mit Tomaten bzw. Pelati und ein paar Zwiebel-, Karotten- und Selleriewürfeln – sowie Kräutern nach Inspiration und Verfügbarkeit – zum Kochen bringen, Deckel, Ofen. Wenn sich Fleisch und Knochen ohne Anstrengung voneinander lösen lassen, kann man das Ganze einfach so servieren oder die Sauce pürieren und nach Belieben auch durch ein Sieb passieren, damit sie besonders sämig wird. Die Tomaten sind aber kein Muss, ich mag auch eine grün-weiße Version dieses Mailänder Klassikers, mit Weißwein, ganzen Schalotten oder Perlzwiebeln und viel Kräutern, Zusammenstellung nach Lust und Laune – dazu breite Bohnen, mit geriebener Zitronenschale und ein bisschen gehobeltem Pecorino abgeschmeckt … Summertime!

Das Schmoren macht übrigens keine Ausnahme, was das Prinzip „weniger ist mehr" betrifft: Je leiser und sanfter alles vor sich geht, desto besser, und je weniger Flüssigkeit ich dazugebe, desto geschmacksintensiver ist das Endergebnis. Eine Lammschulter – ganz nach Belieben mit oder ohne Knochen, zum Braten gerollt oder einfach so „naturell" – bette ich gern auf und in Kartoffeln und Zwiebeln in nicht zu dünnen Scheiben sowie einer Handvoll kleiner Tomaten, beträufle mit Olivenöl, salze, pfeffre, vielleicht ein bisschen Thymian. Schließlich gieße ich einen guten Fingerbreit Weißwein und/oder Wasser an und verfrachte das Ganze mit Deckel für mindestens zwei Stunden in den Ofen. Wenn ich zum Schluss noch ein bisschen Bräunung möchte oder sich zu viel Fond gebildet hat, dann hänge

Das Schmoren macht übrigens keine Ausnahme, was das Prinzip „weniger ist mehr" betrifft: Je leiser und sanfter alles vor sich geht, desto besser das Ergebnis.

ich ein kurzes Finale ohne Deckel dran. Genau das passt auch für Kaninchen, ob nur Keulen oder das ganze zerlegte Hoppeltier. Lammhaxen brate ich jedoch unbedingt zuerst an und gönne ihnen auch ein etwas reichlicher bemessenes Fußbad. Außerdem möchten sie regelmäßig gewendet werden, damit die sehnenreichen Waden wirklich gleichmäßig garen. Dann aber finde ich sie viel schmackiger und saftiger als Ochsenschwanz.

Was geht gar nicht beim Schmoren? Zu „gutes", das heißt zu mageres und feinfaseriges Fleisch – Hühnerbrust, Schweinerücken oder Rinderfilet werden auf diese Weise einfach nur schrecklich trocken, und auch bei Gulasch oder der mit Rotwein geschmorten Rindervariante Bœuf bourguignonne wäre Filet oder Rücken einfach nur eine verfehlte Investition – damit kommen sowohl Pfanne als auch Ofen wesentlich besser auf „trockene" Weise zurecht.

Nicht nur Käse zum Dessert – Fruchtiges und Kremiges

Ich bin kein wirklicher Dessert-Freak – meistens bleibe ich eher beim Käse. Das liegt nur teilweise an meiner Bequemlichkeit, also dem damit verbundenen geringeren Aufwand. Es hängt vor allem damit zusammen, dass ich meistens gerne noch weiter Wein trinken möchte. Wein zum Dessert schmeckt mir jedoch nur, wenn er mindestens genauso süß ist wie das Eisige, Kremige oder Fruchtige, das er begleitet, ich kann also die typisch französische Kombination von Brut-Champagner und Kuchen nicht im geringsten nachvollziehen, stehe aber auch nicht unbedingt auf beppsüße Tropfen. Für süßschnäbelige Gäste und spezielle Anlässe gibt es deshalb nach oder statt Käse mäßig Süßes, vor allem Fruchtbetontes, zu dem auch eine Spät- oder Auslese Spaß macht.

Je mehr frische Früchte es auf dem Markt gibt, desto einfacher gestaltet sich das. Im Frühsommer kann ich mir wie bereits erwähnt kaum einen größeren Luxus vorstellen als einen Teller mit *Fruits rouges*; nämlich Erdbeeren, Himbeeren, Blaubeeren, Brombeeren, Johannisbeeren jeglicher Farbe ganz schlicht nur mit einem Hauch von Puderzucker überstäubt und vielleicht ein wenig frischer Minze. Alle diese Sommerschönen sind aber auch – entweder im Alleingang oder in beinahe jeder beliebigen Kombination – in pürierter Form sehr vergnüglich, vielseitigst einsetzbar und außerdem tiefkühlertauglich: Zauberstab, eventuell etwas Zucker, eventuell Sieb – lecker. Wenn es denn unbedingt Champagner nach dem Essen sein soll, dann als „Suppe" in vorgekühlten Tellern über duftenden Melonenkugeln, weißen Nektarinen, ein paar Beeren, frischer Minze und ein paar Tropfen Pfirsichlikör.

Obstsalat in jeglicher Zusammensetzung (Hauptsache aus reifen, aromatischen Früchten – ein fader Golden Delicious und ein paar Allerweltsweintrauben bleiben auch im Duett eine freudlose Angelegenheit) lässt sich aber auch sonst in vielerlei Weise aufpeppen, am einfachsten durch ein Löffelchen säurelebendiges Maracuja-Fruchtfleisch. Oder durch kurzes Marinieren mit einem selbstgekochten Sirup, der durch so gut wie alle möglichen und unmöglichen Kräuter und Gewürze angereichert werden kann, von Vanille über Kardamom bis Ingwer und Minze. Sie alle geben ihr Aroma am besten ab, wenn man sie einmal kurz beim Auflösen des Zuckers im Wasser miterhitzt – Menge nach Geschmack und in diesem Fall lieber heller Zucker als der geschmacksdominante braune. Ich mag außerdem ein paar Granatapfelkerne als Kick zwischen den gewohnten Ananas- und Melonenstücken, und vielleicht mit Chili und einem Hauch Puderzucker sowie Limettensaft pürierte Avocado dazu, sozusagen eine süße Guacamole. Wenn es besonders in winterlicher Zeit etwas substanzieller sein soll, dann lässt sich getoasteter Hefezopf oder Brioche auch bestens mit dünnen Ananasscheiben und kremigem Blauschimmelkäse überbacken – Toast Hawaii der süßen Art.

Obstsalat in jeglicher Zusammensetzung (Hauptsache aus reifen, aromatischen Früchten – ein fader Golden Delicious und ein paar Allerweltsweintrauben bleiben auch im Duett eine freudlose Angelegenheit) lässt sich in vielerlei Weise aufpeppen.

Doch zurück zum Sommer und Kremigerem – denn ich gebe zu, dass auch mich gelegentlich einfach die Lust auf Sahne überkommt. Und wenn schon, dann will ich dabei richtigen Sahnegeschmack, wie er aus industrialisierter Massenproduktion leider keineswegs selbstverständlich ist. Nur so macht nämlich das schlichte Prinzip des englischen Fools wirklich Sinn. Es basiert darauf, dass säuerliches Obst püriert und mit ungefähr der gleichen Menge Schlagsahne vorsichtig gemischt wird. Nach ein paar Stunden im Kühlschrank entsteht durch die Fruchtsäure eine stabile, schmelzige Bindung. Obstsorten wie Stachelbeeren oder Rhabarber müssen vorher mit Zucker und sehr wenig Wasser – nur soviel, dass sie nicht anbrennen – gekocht werden, andere wie etwa reife Mango lassen sich direkt pürieren und durch ein nicht zu feines Sieb drücken oder auch wie Himbeeren nur grob

mit der Gabel zerdrücken. Auf alle Fälle muss das Fruchtpüree richtig kalt sein. Dann mit der geschlagenen Sahne vorsichtig mischen, mit Zitrone oder Zucker – und auch Kardamom, Vanille, Nelke … – abschmecken und einige Stunden kaltstellen.

Ein Löffel Schlagsahne auf Früchten in Weißwein-Gelee ist ein ziemlich beeindruckender Abschluss eines Mahles.

Ein Löffel Schlagsahne mag ich auch auf Früchten in Weißwein-Gelee, und wenn noch etwas Keksartiges dazukommt, dann ist das Ganze schon ein ziemlich beeindruckender Abschluss eines Mahles – schließlich gibt es immer Gelegenheiten, bei denen auch das eine Rolle spielt! Ich mache das Gelee grundsätzlich mit weißer Gelatine, ein Päckchen reicht für einen halben Liter Flüssigkeit. Wenn das Resultat gestürzt werden soll, empfiehlt es sich, dieses Verhältnis eher etwas gelatinelastiger zu gestalten. Der Weißwein darf ruhig ausdrucksvoll sein, ich mag am liebsten halbtrockenen Riesling oder Scheurebe und peppe ihn gegebenenfalls mit ein paar Tropfen Pfirsichlikör oder Noilly Prat auf. Die Früchte schichte ich in mundgerechten Stücken in Gläser oder kleine Förmchen ein – alle Arten von Beeren eignen sich natürlich wunderbar, aber auch reife Birnen oder Pfirsiche, vielleicht ein paar Blättchen Minze dazwischen – und gieße den Gelatine-versetzten Wein vorsichtig darüber. Ananas und Kiwi wehren sich allerdings in frischer Form mit aggressiven Säuren gegen den Gelatinemantel und sind daher an dieser Stelle kontraindiziert. Der einzige „Fehler", den man ansonsten dabei machen kann, ist die Zeit zu unterschätzen, die das Ganze braucht, um fest zu werden – aber dann muss man eben vorher noch ein Glas Rotwein trinken …

Wenn es richtig heiß ist, dann ist Granité oder Granita zumindest für meinen Gaumen die ultimative Erfrischung.

Wenn es richtig heiß ist, dann ist Granité oder Granita zumindest für meinen Gaumen die ultimative Erfrischung. Bei einem Verhältnis von ungefähr 180 Gramm Zucker auf einen Liter Wasser oder wässerige Flüssigkeit erstarrt dieses in der eisigen Kälte nämlich nicht zum Block, sondern zu großkristalligem Schnee, wozu man durch regelmäßiges Durchrühren mit einer Gabel beim Gefrieren noch beitragen kann. Aromatisieren lässt sich dies durch alle möglichen Arten von Fruchtsaft, besonders der Zitrusarten, aber auch mit Kräutern oder extrastarkem Espresso und einem Schuss Kaffeelikör. Oder Wein: Rotwein sollte dabei nicht zu tanninbetont sein und verträgt gut einen Spritzer Orangensaft, während klassischer Eiswein meist genau richtig in der Süße liegt, sich also ohne jeden Zusatz als Granité gefrieren lässt. Wer sich nicht sicher ist, kann vorab eine kleine Probe in den Tiefkühler stellen und den Grundstoff – so denn notwendig – entweder mit etwas Zucker (wenn zu fest) oder Wasser (wenn zu weich) korrigieren. Für Weinliebhaber ist das in seiner Schlichtheit zweifellos eines der elegantesten Desserts!

Bei einem Parfait ist der Aufwand schon deutlich größer, und es wird auch heikler mit dem Augenmaß und Handgewicht, wenn das Ergebnis zugleich fest und kremig ausfallen soll. Ich schlage sechs Eigelb mit 120 Gramm Zucker erst im Wasserbad warm auf und dann im Eiswasser kalt und ziehe darunter sehr behutsam 400 Gramm steifgeschlagene Sahne sowie vier Zentiliter „starken“ Alkohol wie Wodka oder Obstler. Dieses Grundverhältnis lässt sich durch Fruchtmark oder Konfitüren erweitern (dann muss man den Sahneanteil etwas erhöhen), mit Gewürzen und Kräutern „parfümieren“, der Zucker durch Honig ersetzen, und das Ganze auch durch geröstete, vielleicht leicht karamellisierte Nüsse oder Schokoladenstückchen bereichern. So oder so erübrigt sich beim Parfait die Eismaschine, es wird einfach in Form oder Förmchen gefroren.

Bei einem Parfait ist der Aufwand schon deutlich größer, und es wird auch heikler mit dem Augenmaß und Handgewicht, wenn das Ergebnis zugleich fest und kremig ausfallen soll.

Ganz selten, weil die Saison so kurz ist, mache ich Aprikosenknödel. Das ist eigentlich vollkommen unkompliziert, man muss sich nur nach dem Hauptgang nochmal an den Herd stellen – und es empfiehlt sich erfahrungsgemäß, alles vorhergehende eher auf der leichten Seite zu halten. Einen Teil weiche Butter schaumig rühren, abwechselnd verschlagenes Ei (auf 80 Gramm Butter ein Ei) und zwei Teile Mehl sowie drei Teile trockenen Magerquark zu einem weichen, aber formbaren Teig darunter mischen – Vanille, Salz, vielleicht auch abgeriebene Zitronenschale steigern das Vergnügen – und das Ganze eine halbe Stunde kaltstellen. Mit bemehlten Händen lassen sich damit ganze, entsteinte und mit einem Stück Würfelzucker gefüllte Aprikosen umhüllen. Bis zu diesem Punkt ist alles wunderbar stressfrei vorzubereiten, nur das „Kochen" muss unmittelbar vor dem Verzehr stattfinden. In einem großen, breiten Topf mit viel gerade siedendem, keinesfalls laut blubberndem Wasser dürfen die Knödel baden, bis sie an die Oberfläche steigen. Zimtzucker passt natürlich bestens dazu, aber Vanillesauce setzt dem Ganzen dann noch die Krone auf – wenn schon, denn schon! Und da ich sowieso schon beim „Dessertkochen" bin, mache ich die auch gleich ohne Päckchen oder Tüte: Milch und/oder Sahne mit der Länge nach halbierter und ausgekratzter Vanilleschote zum Kochen – aber nicht Überkochen! – bringen, derweil auf einen Viertelliter drei Eigelb mit zwei Esslöffeln Zucker und einem Teelöffel Stärke verrühren und die heiße Milch/Sahne unter Rühren langsam dazugießen. Das Ganze gieße ich zurück in den Topf und erhitze es unter wirklich ständigem Rühren nochmals, bis die Sauce leicht dicklich wird – sie soll aber keinesfalls kochen, es heißt also ganz genau hinsehen und -hören! Der Aufwand lohnt sich, und im Ernstfall brauchen die Aprikosen gar keine Knödelhülle …

Nicht nur Aprikosen, sondern so gut wie alle Früchte lassen sich auch unserem guten Kumpel dem Ofen überantworten, wenn man sie in eine gebutterte, feuerfeste Form unter eine schützende Quark-Ei-Schicht aus drei Eiern auf 200 Gramm Quark und Zucker sowie Gewürzen nach Geschmack bettet. Dazu dann noch eine Kugel Eis oder eine Scheibe Parfait, und auch eingeschworene Süßschnäbel sind glücklich.

Freies Backen den Küchengenies überlassen – ein paar konkrete Zahlen zu Strudel- und Mürbteig, Quicheboden und Streusel

Spätestens mit den Aprikosenknödeln ist klar, dass man sich mit den Desserts graduell vom eigentlichen Kochen entfernt und immer mehr dem Backen nähert, was zwei grundlegend unterschiedliche Paar Stiefel sind. Es liegt mir fern, hier das große Kapitel Backen in seiner ganzen Breite aufzuschlagen. Und noch ferner, etwa behaupten zu wollen, auch dieses lasse sich mit gesundem Menschenverstand und wachen Sinnen von selbst erobern. Nein, die Stimme aus der Backschüssel und -form ist wesentlich schwieriger zu verstehen als die aus Kochtopf und Pfanne, dazu backen wir alle viel zu selten – und auch beim Fahrradfahren hilft schließlich gelegentlich eine Karte! Um beim Backen mit Augenmaß und Handgewicht nicht nur auf Anhieb zurecht, sondern auch zu verlässlich beeindruckenden Ergebnissen zu kommen, sind Küchengenies auf Einstein-Niveau gefragt. Und da die eher selten sind, empfehlen sich für die Mehrheit von uns Normalos zur Frust-Vorbeugung eine Waage und ein paar konkrete Zahlen. Denn ganz abgesehen von Kuchen und Torten für die klassische nachmittägliche Kaffeetafel – für die zumindest in meinen Essgewohnheiten wenig Platz ist – sind Strudel- und Mürbteig, Quicheboden oder Streusel eine klare Bereicherung der sonstigen kulinarischen Vergnügungen.

Die Stimme aus der Backschüssel und -form ist wesentlich schwieriger zu verstehen als die aus Kochtopf und Pfanne, dazu backen wir alle viel zu selten – und auch beim Fahrradfahren hilft schließlich gelegentlich eine Karte!

Wie beim Kochen gilt auch beim Backen grundsätzlich: probieren, schmecken, würzen! Mit Salz, Zucker, Vanille, Zitronenzeste und was einem gegebenenfalls sonst noch so in den Sinn

Wie beim Kochen gilt auch beim Backen grundsätzlich: probieren, schmecken, würzen!

kommt. Außerdem hilft mitdenken, sowohl beim Anrühren und Teigmischen als auch beim Backvorgang selbst. Wie bereits erwähnt: bei ungefähr 180 °C funktioniert das Allermeiste. Oben bremsen lässt sich durchs Abdecken mit Alufolie, unten Gas geben durch untersten Einschub auf einem gut aufgeheizten Blech statt einem Gitter. Doch zuerst noch ein Exkurs für alle Crêpe-Fans, ob in salzigen oder süßen Kombinationen: auf ein Ei 50 Gramm Mehl (zur Abwechslung auch zur Hälfte aus Buchweizen), 165 Milliliter lauwarme Milch und 50 Gramm in der Pfanne leicht gebräunte Butter. Das vermischt sich am schnellsten mit dem Stabmixer und bäckt sich am besten – der Einsatz der Teflonpfanne! – nach einer halben Stunde Ruhezeit. Ich mag sie am liebsten in dünnen Streifen als Flädle in einer klaren Rinderbrühe, aber sie lassen sich natürlich auch mit allen Arten von Früchten, Marmelade, Nussnougatkrem stapeln, füllen, überbacken …

Außerdem hilft mitdenken, sowohl beim Anrühren und Teigmischen als auch beim Backvorgang selbst.

Ebenfalls süß oder salzig einsetzbar ist Brandteig; ob nun klassische Windbeutel mit Schlagsahne und frischen Erdbeeren gefüllt oder wahrhaft elegant zum Aperitif in der Minivariante mit Meerrettichsahne und Räucherlachswürfeln! 50 Gramm Butter – wie generell beim Backen und Kochen ist auch hier jegliche Geizerei mit Margarine oder Light-Butter kontraindiziert, es zahlt sich einfach nicht aus – mit einem Achtelliter Wasser und etwas Salz zum Kochen bringen, vom Herd nehmen und 75 Gramm gesiebtes Mehl auf einmal dazugeben, mit einem Holzlöffel kräftig mischen, wieder auf die Platte damit und weiterrühren, bis sich ein Klumpen und am Topfboden ein weißlicher Belag bildet. Den Mehlklumpen in eine Schüssel geben und nacheinander und mit Geduld zwei Eier darunter arbeiten – anfangs macht es den Eindruck, als sei dies ein Ding der Unmöglichkeit, aber keine Angst, man muss nur ausdauernd sein, am Ende geht es doch! Den Teig in kleineren oder größeren Häufchen auf Backpapier setzen und gut ausbacken – das heißt, einen deutlichen Mo-

Wie generell beim Backen und Kochen ist auch hier jegliche Geizerei mit Margarine oder Light-Butter kontraindiziert.

ment länger als nur zu goldgelber doppelter, aber innen noch klitschiger Größe. Noch einfacher als das Füllen von Windbeuteln ist die französische Brandteig-Version mit Käse:für diese „Gougère" verdoppelt sich die Mehlmenge und zum Schluss werden 125 Gramm grob geriebener oder fein gewürfelter Comté unter den Teig gezogen. Wieder in Häufchen oder einem Kranz aufs Blech – super lecker zu einem (zwei?) Glas Sherry!

Wenn es im Sommer richtig heiß ist, dann fällt „richtiges" Kochen meistens flach.

Wenn es im Sommer richtig heiß ist, dann fällt „richtiges" Kochen meistens flach – schon der Gedanke daran kann zuviel sein. Aber über Tage nur von Salat zu leben ist auch unbefriedigend; das ist der Moment der Tarte und Quiche. Wenn man beim Backen nicht unmittelbar neben dem Ofen stehen bleibt, hält das die zusätzliche Hitzezufuhr auf einem Minimum, und das Resultat lässt sich auch lauwarm essen und mit an den Strand nehmen. Für den Teig verreibe ich 140 Gramm Mehl mit 80 Gramm kalten Butterwürfeln mit den Fingerspitzen zu Krümeln und mische dann soviel kaltes Wasser darunter, dass sich das Ganze zu einer Teigkugel zusammendrücken lässt. Diese Menge reicht für eine runde Form mit 24 Zentimeter Durchmesser. Wenn man auf 200 Gramm Mehl/125 Gramm Butter erweitert und den Boden weniger krümelig mag, kann man einen Teil Wasser auch durch ein Ei ersetzen. Auf alle Fälle sollte der Teig (der im übrigen auch eine hervorragende Pie-Kruste über Früchten aller Art abgibt) eine Stunde im Kühlschrank entspannen, bevor man ihn in die Form drückt. Ich lege sie unten mit Backpapier aus, dann gibt es keine Probleme mit dem Hängenbleiben, oder rolle ganz ohne Form auf dem Blech einen Kreis aus, dessen Rand ich dann ein Stück über den Belag schlage. Stichwort Belag: da geht einfach alles Mögliche und auch Unmögliche. Rohe oder vorher gegrillte Gemüse aller Art mit Schafs- oder Ziegenkäse sind zugegebenermaßen meine Favoriten, aber auch mit Früchten in eher dünnen Scheiben überzeugt das Endergebnis. Wenn das Ganze zur Quiche werden und etwas gehaltvoller ausfallen soll, dann gieße ich einen Eierguss aus einem kleinen Ei auf einen Zehntelliter Milch und/oder Sahne darüber.

Das geht dann in Richtung Zwiebelkuchen, lässt sich mit Speckwürfeln noch bereichern und funktioniert auch gut mit in Streifen angeschwitzten Gemüsen wie Kohl, Fenchel oder Spinat. In den Eierguss lässt sich außerdem gewürfelter Käse mischen oder für süße Varianten zum Beispiel über Kirschen oder Birnen feingehackter Ingwer in Sirup.

Erdbeeren vertragen die Hitze eher schlecht, die packe ich lieber auf einen fertig gebackenen, süßen Teigboden aus zwei Teilen Butter, einem Teil Zucker, drei Teilen Mehl und sehr wenig Eigelb sowie Wasser, Milch oder Sahne nach Bedarf. Kleine Tartelettes finde ich noch netter, mit einem Löffel Schlagsahne – vielleicht mit Eierlikör parfümiert – oder einer Scheibe Parfait unter den Früchten und einem Klecks Fruchtpüree oben drauf ist das ein ziemlich eleganter Abschluss eines Menüs!

Lässt man Ei und Flüssigkeit ganz aus dem Spiel, wird mit drei Teilen Mehl, zwei Teilen Butter und einem Teil Zucker aus dem Mürbteig schottisches Shortbread, das man zum Backen einfach nur fingerbreit hoch in eine Form drückt, mit einer Gabel verziert und danach mit einem spitzen Messer in fingerdicke Stifte oder spitze Tortenstückchen schneidet. Und wenn man diese Anteile wiederum leicht verändert – zwei Teile Mehl, ein Teil Butter, ein Teil Zucker – dann entstehen Streusel. Die lassen sich im Tiefkühler wunderbar auf Vorrat bereithalten und machen aus mit Zitrone, Orange und Zucker gemischten Rhabarberstücken, Stachelbeeren oder säuerlichen Apfelspalten einen Crumble, der sich seinerseits durch Vanillesauce, Crème fraîche und/oder Fruchtpüree bereichern lässt. Und sie gehören natürlich auf ein Hefekuchenblech mit Kirschen oder Pflaumen.

Hefeteig ist längst nicht so kompliziert oder kapriziös, wie oft behauptet wird.

Bevor dieses Buch nun aufgrund der Erwähnung von Hefeteig mutlos in die Ecke geworfen wird: Hefeteig ist längst nicht so kompliziert oder kapriziös, wie oft behauptet wird, und ich finde, er hat einfach eine Geschmacksdimension mehr. Wenn alle Zutaten ungefähr auf Zimmertemperatur sind und man aufpasst, dass das Salz nicht unmittelbar auf die Hefe trifft, dann kann eigentlich nicht viel schief gehen: in ein Pfund Mehl in der Mitte eine

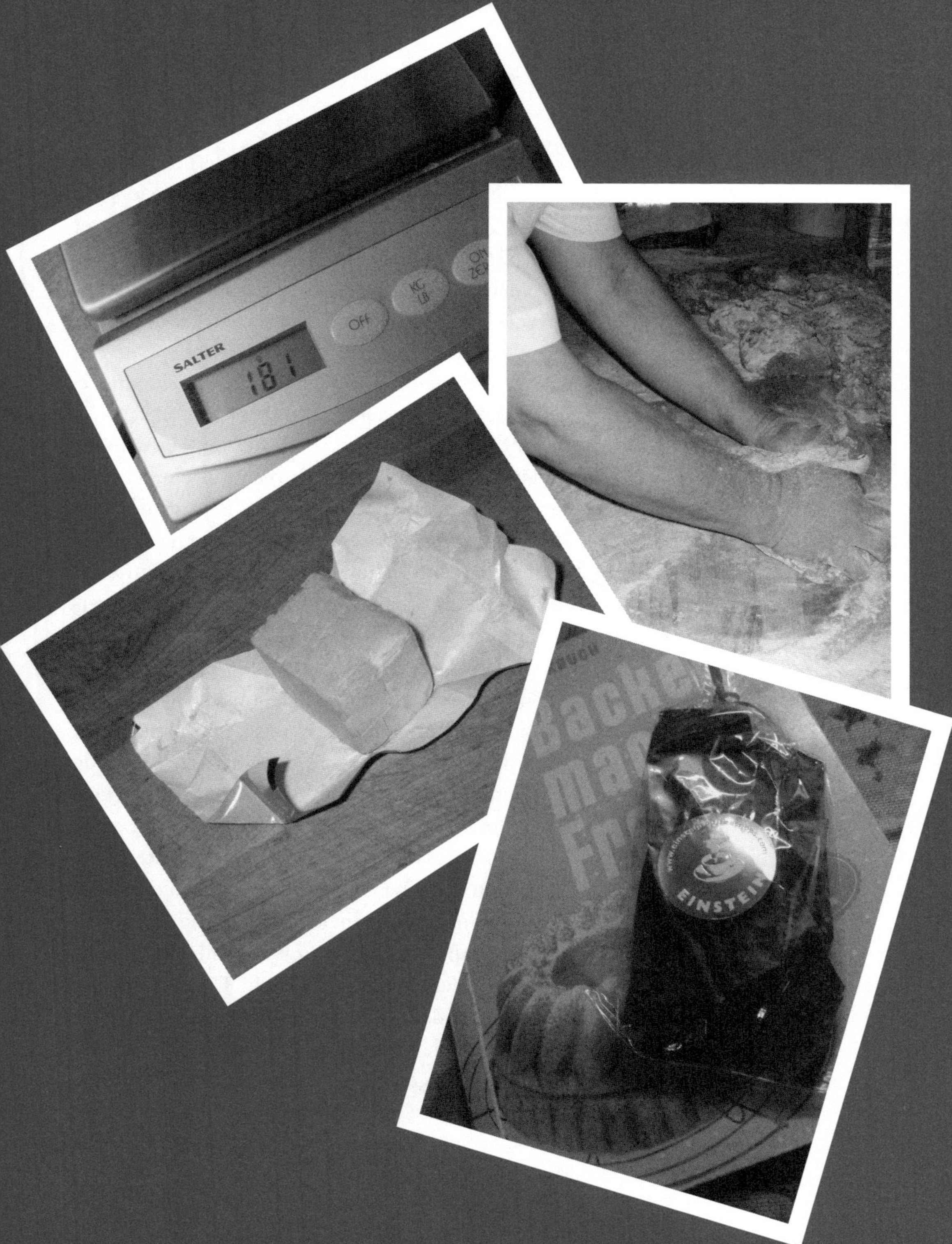
SALTER
181
OFF
KG
LB
EINSTEIN

Kuhle drücken und in dieser 30 Gramm zerbröckelte Hefe mit ein paar Löffelchen von einem Viertelliter lauwarmer Milch und ein wenig Zucker anrühren. Das lässt man eine Viertelstunde in Gang kommen und knetet dann mit dem Rest der Milch, 60 Gramm weicher Butter, 60 Gramm Zucker und einem Ei daraus einen geschmeidigen Teig, der in einer kuscheligen Ecke wiederum ein Weilchen aufgehen darf. Dann wird er nochmals kurz durchgeknetet und auf einem gefetteten Blech ausgerollt. Oder zu Brötchen geformt, in die man auch noch Rosinen mischen und sie mit Eigelb bepinseln, mit grobem Zucker bestreuen, zu Zöpfen flechten kann … wenn man das Ganze dann nochmals im handwarmem Ofen vor dem eigentlichen Backen gehen lässt, sollte das Ergebnis recht ansehnlich und auch sonntagsfrühstückstauglich sein. Beim Pizzaboden geht es deutlich bescheidener zu: auf 500 Gramm Mehl reichen 20 Gramm Hefe, an die Stelle von Milch und Butter treten zwei Zehntelliter Wasser und fünf Zentiliter Olivenöl – Salz ist essentiell und der Boden muss zumindest für meinen Geschmack wirklich dünn sein.

Wenn man sich dann mit dem Hefeteig angefreundet hat und dessen „richtige“ Konsistenz einem wie bestimmte Yoga-Übungen nach vielen Wiederholungen in Fleisch und Blut beziehungsweise ins Handgelenk übergeht, dann bleibt noch die Herausforderung des Strudels. Ich finde ihn in der Küche ziemlich genial einsetzbar, weil sich nahezu alles „einstrudeln“ lässt und in dieser Form im entscheidenden Moment nur noch dem Ofen überantwortet werden muss. Für Strudel-Anfänger gelten zwei Grundsätze: Teigmenge reichlich bemessen, damit man viel zu dicke Teigränder einfach abschneiden kann, und nicht vergessen, den Teig vor dem Ziehen unbedingt mehrere Stunden ruhen zu lassen!!! Es liegt auf der Hand, dass das erste Strudel-Abenteuer nicht unbedingt für den Nach-Feierabend-Magen-knurrt-schon-Stress geeignet ist, sondern eher für einen ruhigen Samstagnachmittag. Dann verknetet man 450 Gramm Mehl mit etwas Salz, einem Viertelli-

Es liegt auf der Hand, dass das erste Strudel-Abenteuer nicht unbedingt für den Nach-Feierabend-Magen-knurrt-schon-Stress geeignet ist, sondern eher für einen ruhigen Samstagnachmittag.

ter lauwarmem Wasser und ungefähr sechs Esslöffeln Öl zu einem geschmeidigen, elastischen Teig. Diesen reibt man mit Öl ein, damit er nicht antrocknet, packt ihn in Klarsichtfolie, stellt ihn in eine nicht zu kalte Ecke und macht zwischendurch erst mal etwas ganz anderes. Dann trinkt man einen Tee und widmet sich der Füllung. Schneidet zum Beispiel säuerliche feste Äpfel in Scheibchen, weicht Rosinen in Rum ein, zerkleinert altbackenes Weißbrot zu Bröseln und vermengt alles mit Zitronensaft, Zucker und Zimt zu einer Fülle, in die ruhig etwas Saucenbinder darf, damit sie beim Backen nicht zu matschig wird und die Teighülle aufweicht. Nicht zu reife Aprikosen machen sich auch bestens, mit gehackten Walnüssen zum Beispiel. Oder für eine salzige Variante grob geraffelter Kürbis mit Kürbiskernen und viel frischem Dill, oder auch Kartoffeln in dünnen Scheiben, mit einem Löffel Crème fraîche und in Butter angeschwitzten Zwiebeln. Schließlich räumt man den Küchentisch frei, breitet ein großes sauberes Geschirrtuch darauf aus und bestäubt es mit Mehl. Darauf rollt man nun zuerst den Strudelteig zu einem Rechteck aus, mit Mehlzugaben von oben und unten wie erforderlich. Und zu guter Letzt geht man mit den bemehlten Handrücken von allen Seiten darunter und zieht ihn so weiter aus. Auch hier müssen die Handgelenke lernen – dass das Ganze beim ersten Mal wahrscheinlich nicht hauchdünn wird oder an etlichen Stellen geflickt werden muss – was soll's?! Wenn das Ergebnis zumindest halbwegs dünn ist, wird es mit Bröseln bestreut und an einem Ende die Füllung in einer langen Wurst daraufgesetzt. Die dicken Teigkanten werden abgeschnitten und das Ganze mit Hilfe des Tuches von der Wurstseite aus um die Füllung herum auf- und auch gleich auf ein mit Backpapier ausgelegtes Blech gerollt. Vorsichtig, aber gründlich mit flüssiger Butter bepinselt übersteht das gute Stück nun gegebenenfalls gerne eine Wartezeit, bevor es im Ofen zu goldbrauner Wonne heranbäckt. Ein eher schlanker Strudel ist dabei stabiler und einfacher in der Handhabung als ein breiter, der beim Aufschneiden leicht zersplittert.

Wer spätestens jetzt vollkommen ausgestiegen ist und all diese Zahlen und genauen Anweisungen in einem Manifest für eine Küche ohne Rezepte sowieso als eher absurd empfindet – vollstes Verständnis. All dies ist kein Muss: der Kuchenlust lässt sich auch mit Hilfe eines guten Bäckers oder Konditors frönen!

Man braucht nicht
alles zu können –
MAN MUSS SICH NUR
ZU HELFEN WISSEN

skoda

Spezialisierung macht stark – ein Prinzip und seine Variationen am Beispiel Tarte Tatin

Es gibt Momente, in denen ich vor meinem Kleiderschrank stehe und weiß, dass es bei dieser Stimmung oder für diesen bestimmten Anlass einfach etwas mehr sein muss als Jeans und T-Shirt – trotzdem aber bequem und nicht zu empfindlich. Dann greife ich zu den Specials, die wie beste Freunde sind: etwa einer schwarzen Bluse von Vivienne Westwood, einem ärmellosen Stricktop der Berliner Designerin Claudia Skoda oder einer Hose von Peter O. Mahler aus Düsseldorf. Zusammen mit den normalen Standards ergeben sie Outfits, die dem selbstbewussten Auftreten zuträglich sind, ohne dass ich das Gefühl hätte, mich irgendwie verkleidet zu haben. Ich besitze nicht besonders viele solcher Stücke, und sie lassen sich auch nicht gezielt erstehen – die besondere Affinität zueinander wird erst mit der Zeit deutlich.

Jetzt erzählt sie schon wieder vom Anziehen, melden sich bereits die ersten Stimmen des Protests – und gleich geht es mit dem Fahrradfahren los … Nein, die Parallelen zu Letzterem wären in diesem Fall vielleicht wirklich etwas weit hergeholt, mir geht es hier letztendlich um die entsprechenden besonderen Gelegenheiten aus küchentechnischer Sicht. Denn ein großer Einwand, den ich immer wieder zum Thema freies, selbstbestimmes Kochen höre, lautet: „Na ja, alles gut und schön, vielleicht im stillen Kämmerlein für mich allein – aber wenn Gäste kommen?!? Da möchte man doch erstens auf Nummer Sicher gehen, und zweitens erwarten die ein bisschen mehr!“ Dazu lassen sich mehrere Dinge anmerken: Erstens ist das mit

Erstens ist das mit den Erwartungen meistens eine Projektion der Einladenden, weil die Eingeladenen zum größten Teil schon glücklich sind, überhaupt bekocht zu werden. Zweitens gibt es keine langweiligeren Abende als jene, bei denen ausschließlich Essen und/oder Wein im Mittelpunkt stehen.

den Erwartungen meistens eine Projektion der Einladenden, weil die Eingeladenen zum größten Teil schon glücklich sind, überhaupt bekocht zu werden. Zweitens gibt es keine langweiligeren Abende als jene, bei denen ausschließlich Essen und/oder Wein im Mittelpunkt stehen – beide sind optimalerweise die Grundlage für gute Gespräche über vollkommen andere Themen, weil sie entspannen und anregen. Drittens entsprechen die Menschen, die tatsächlich in einem Privathaushalt großen Profiküchenzauber einfordern, wahrscheinlich nicht meiner Vorstellung von netten Freunden und sympathischen Gästen, und viertens …

Viertens braucht man über all das überhaupt gar nicht nachzudenken, wenn man sich ein kleines Repertoire von Lieblingsgerichten schafft. Damit meine ich Gerichte, die man selbst besonders mag, die einem wie Lieblingshose oder -hemd richtig gut passen und ein wenig über das Normale hinausgehen. Die man durch Übung souverän beherrscht und deshalb gegebenenfalls ganz selbstbewusst variieren kann. Auch hier trifft Jamie Olivers Spruch voll ins Schwarze, dass es genügt, ein paar Sachen richtig gut zu können. Mein Mann etwa hat ein supergutes Gespür für Salatsaucen, macht grandiose Ratatouille, wunderbares Bœuf bourguignonne und seit seinem ersten Thailand-Trip auch mit großer Begeisterung die scharfsaure Garnelen-Suppe Tom Yam Gung. Dazu kommt Risotto in ein paar Variationen und wirklich gute Bolognese, und damit hat sich sein Repertoire so ziemlich erledigt. Trotzdem hat er uns schon viele Abende sehr vergnüglich – manche würden sagen, höchst beeindruckend – bekocht, ohne dass übermäßiger Stress jeglicher Art aufgekommen wäre.

Einer meiner Joker für das gewisse Extra heißt Tarte Tatin. Eigentlich und ursprünglich ist das ein Apfelkuchen, der „verkehrtherum" gebacken wird, Äpfel mit Butter und Zucker unten, Teig oben, und nach dem Backen gestürzt, sodass die Äpfel karamellüberzogen sind. Die Tarte Tatin ist angeblich von zwei Schwestern namens Tatin 1898 in Lamotte-Beuvron in der Sologne südlich von Orléans „erfunden" worden. Die beiden Fräuleins

Die Tarte Tatin ist angeblich von zwei Schwestern namens Tatin 1898 in Lamotte-Beuvron in der Sologne südlich von Orléans „erfunden" worden.

führten dort ein Hotel und die für die Küche zuständige Stéphanie war der Legende nach so schusselig, dass sie eines Tages für den Apfelkuchen versehentlich den Teig auf die Äpfel packte statt umgekehrt. Das zeigt, was für wunderbare Entdeckungen so nebenher passieren können! Das Fremdenverkehrsamt von Lamotte-Beuvron steht schwer in der Schuld der Tanten, die guten Bürger des Örtchens sind statt in Kegel- oder Schützenverein in einer *Confrérie des Lichonneux de la Tarte Tatin* engagiert – inklusive eines *Grand Maître du Secret*, der das „Originalrezept" hütet –, und weil Frankreich bei der modernen Technik immer ganz weit vorne steht, gibt es natürlich auch eine Tarte-Tatin-Homepage: www.tarte-tatin.com.

Das Grundprinzip ist einfach: ausreichend Butter und Zucker in einer feuerfesten Form mit leicht gewölbtem Rand – meine ist aus Jenaer Glas –, leicht säuerliche Äpfel wie Boskoop oder Cox Orange, die nicht zu Mus zerfallen, sondern in Vierteln eng gepackt das alles richtig schön aufsaugen, und eine Teigplatte – die Ränder ein wenig zwischen Äpfel und Form gedrückt –, die darauf knusprig bäckt. Das kann Blätterteig oder Mürbteig sein, ganz nach Gusto. Soviel Spielraum gesteht selbst die Tarte-Tatin-Bruderschaft zu, alle anderen Variationen, die sich in meiner Küche so mit der Zeit ergeben haben, fände sie jedoch wahrscheinlich höchst suspekt! Sei's drum, die schusselige Stéphanie wäre sicher toleranter – typisch, eine Frau erfindet etwas Geniales, und Männer gründen einen Verein und geben sich pedantisch …

Tarte Tatin gilt vielen als anspruchsvoll und schwierig, ist es aber nicht im Geringsten, wenn man sich mit ihr einmal angefreundet hat. Man kann dabei dekonstruierend vorgehen und alles in einzelne Schritte zerlegen: zuerst Zucker und Butter oben auf dem Herd schmelzen und leicht ankaramellisieren, dann die Äpfel hineinschichten und im heißen Ofen eine Viertelstunde deckellos schmoren lassen, um schließlich den Teig darüber zu packen und weiterzubacken, bis er goldbraun knusprig ist. Das hat vielleicht den Vorteil, dass mehr Feuchtigkeit von den Äpfeln verdunsten kann, ist mir aber zu umständlich – außerdem

Tarte Tatin gilt vielen als anspruchsvoll und schwierig, ist es aber nicht im Geringsten.

kann es ja nicht wirklich Stéphanies Methode gewesen sein! Nein, bei mir kommt alles auf einmal in die Form: reichlich Butter gut verteilt, inklusive der Ränder – reichlich meine ich ernst, knapp 100 Gramm für 24 bis 26 Zentimeter Durchmesser (und zirka ein Kilo Äpfel) muss sein, sonst tut sich nichts – ein paar ordentliche Löffel Zucker, die Äpfel richtig dicht an dicht und dann den Teig darauf, die Ränder um die Äpfel gestopft, und mit einer Gabel gleichmäßig eingestochen, damit er sich nicht aufbläht. Ganz unten in den Ofen stellen und aufs heiße Blech, so dass Zucker und Butter gut in Schwung kommen. Eventuell decke ich den Teig mit Alufolie ab, wenn der schon braun wird, die Äpfel aber noch nicht karamelisiert sind – in der Glasform lässt sich das gut beobachten, man kann aber auch mit Hilfe eines kleinen Messers vorsichtig stibitzen. Nach dem Backen unbedingt ein paar Minuten beruhigen lassen, große Topflappen und eine ausreichend große Platte mit Rand bereitstellen und dann mit Schwung und Umsicht – der Karamell ist heiß! – stürzen. Das Ergebnis ist nicht immer auf Anhieb perfekt, manchmal muss ich ein bisschen Puzzlearbeit leisten, weil etwas in der Form hängen bleibt, manchmal muss der Grill nachhelfen, weil die Blässe denn doch zu vornehm ist. Die Bruderschaft plädiert für den Solo-Auftritt der Tarte, ich finde, Sahne und/oder Eisiges in allen Variationen passen ziemlich gut dazu.

Soviel zum Original, das wirklich jedem Essen die Krone aufsetzt, sich vorbereiten lässt – entweder ganz fertig backen und nochmal zehn Minuten aufwärmen oder alles fertig machen, einschichten, zudeckeln und im Kühlschrank zwischenlagern – und einen nicht vor Üppigkeit erschlägt. Jetzt die versprochenen Variationen! Fangen wir beim Teig an: abgesehen von der Wahl zwischen Blätter- und Mürbteig lässt sich letzterer auch mit einem Esslöffel Kakao und/oder verschiedensten Gewürzen variieren. Dann der Belag: Man kann die Äpfel ergänzen, etwa durch rohe Rhabarberstücke, Nüsse, Rosinen oder aber ganz aus dem Spiel lassen: Birnen sind die nächstliegende Alternative. Sie lassen sich auch vorher in Rotwein einmal aufkochen und über Nacht zum „Erröten“ bringen, dann brauchen sie etwas weniger Butter. Quitten koche ich auf alle Fälle vorher, ob mit

Wein oder ohne, weil sie sonst nicht weich werden. Aprikosen, Pfirsiche, Nektarinen, Mango, Ananas oder Feigen hingegen fühlen sich auf direktem Wege pudelwohl unter dem Teigdeckel.

Und dann wird es richtig spannend – nicht-süß birgt die Tarte Tatin nämlich noch ganz andere Möglichkeiten in sich. Dann lässt sich mit dem Vermächtnis von Fräulein Stéphanie nach meiner Erfahrung erst so richtig Eindruck schinden! Ob nun als Vorspeise oder zu einem Stück Fleisch oder Fisch spart einem das auch mindestens einen Topf auf dem Herd. Den Teig kann man mit Kräutern oder Käse anreichern, oder es lässt sich mit einem Pizzateig experimentieren. Mein Favorit, sozusagen meine Lieblingslieblingstarte, ist aber Blätterteig mit Roten Beete. Die rohen schwarzroten Rüben schneide ich dafür in dünne Scheiben, und natürlich kommt bei all den nicht süßen Varianten kein Zucker ins Spiel, sondern nur Butter. Darauf ordne ich die Roten Beete so dicht wie möglich und sternförmig überlappend an, streue Schalottenwürfel darüber, Salz, Pfeffer, ein bisschen Balsamessig und nochmals Butterflocken, und schließlich kommt der Teigdeckel über das Ganze. Kurz kaltstellen – immer günstig bei Blätterteig, damit er besser aufgeht – und ab in den Ofen, eine gute halbe Stunde. In der Zeit lässt sich ein Stück Fisch dämpfen, eine Entenbrust braten, ein bisschen Estragonsahne kochen …

Nicht-süß birgt die Tarte Tatin noch ganz andere Möglichkeiten in sich. Dann lässt sich mit dem Vermächtnis von Fräulein Stéphanie nach meiner Erfahrung erst so richtig Eindruck schinden!

Halbierte oder der Länge nach geviertelte kleine Rübchen machen sich auch bestens, besonders – Regionalstolz der Berlinerin, er sei mir verziehen – wenn es echte Teltower mit ihrer ganz besonderen Würze sind. Kürbis braucht auf alle Fälle Säure und muss wie die Roten Beete dünn geschnitten sein, um weich zu werden. Das gilt für alles, das unterm Teigdeckel „weichkochen“ muss, also auch Schalotten – halbiert grandios mit etwas frischem Thymian und/oder einem Hauch Piment d'Espelette –, Sellerie, Karotten und vor allem Kartoffeln. Bei denen lasse ich die Säure ganz weg und mische sie stattdessen wie beim Strudel mit ein bisschen Crème fraîche. Paprika schmeckt besonders gut, wenn man die Streifen entweder vorher oder zum Schluss unter dem Grill Farbe nehmen lässt. Tomaten müssen nach meiner Erfahrung unbedingt richtige Fleischtomaten sein, sonst wird das Ganze zu suppig. Es lässt sich auch mit weichen getrockneten Tomaten experimentieren, Feta oder ähnlicher Schafs- oder Ziegenkäse ins Spiel bringen – am besten zwischen Gemüse und Teig – sowie natürlich alle erdenklichen Kräuter, und wenn die Tarte-Brüder vor Entrüstung den Schluckauf kriegen!

Und wer meine Begeisterung für die verkehrte Tarte überhaupt nicht nachvollziehen kann – auch gut, der spezialisiert sich auf thailändisches Curry, oder Gulasch, oder Pastasaucen …

Keine falsche Scheu vor Tiefgefrorenem und gesunden Kompromissen

Das Leben kann so viel unbeschwerlicher und vergnüglicher sein, wenn man sich gelegentlich ein bisschen helfen lässt. Neulich haben wir unseren alljährlichen Fahrradausflug Richtung Potsdam unternommen, der ein kleines Ritual darstellt. Wir schaffen es wirklich nur einmal im Jahr, uns dafür einen passenden Tag freizuhalten – das Wetter muss mitspielen, und es muss unter der Woche sein, um den Massen zu entgehen, die sonst zwischen Glienicker Brücke und Pfaueninsel promenieren. Wir halten an einem ganz besonderen Platz direkt am Wasser, wo wir picknicken. Es gibt Melone und Schinken, ein bisschen Räucherlachs, ein Stück Käse, ein paar Tomaten – und eine Flasche Riesling Kabinett von der Mosel. Wir haben schon alle möglichen Dinge vergessen: das Brot (macht nichts, in der Not ...), den Korkenzieher (fiel uns glücklicherweise nicht erst am Wasser, sondern in Reichweite eines Supermarkts auf) oder die Gläser (guter Anlass für einen Test – Ergebnis: bei einem Picknick schmeckt der Wein auch direkt aus der Flasche!). Wenn wir danach noch eine Runde durch den Garten von Schloss Cäcilienhof gedreht haben, durchs Holländische Viertel gelaufen sind und irgendwo Kaffee getrunken haben, dann ist unser sportlicher Ehrgeiz allen morgendlichen Vorsätzen zum Trotz meistens erschöpft. Statt den ganzen Weg zurückzustrampeln, lassen wir uns mitsamt Fahrrädern von der S-Bahn zumindest ein Stück Richtung Zentrum fahren. Warum auch nicht? Schließlich wollen wir keine Trainingsrekorde aufstellen, sondern einen erholsamen freien Tag verbringen.

In der Küche geht es mir genauso. Wenn mir der Sinn danach steht, dann schäle, hacke, reibe, passiere und rühre ich gerne stundenlang, aber an manchen Tagen fehlt mir für langwierige Proze-

An manchen Tagen fehlt mir für langwierige Prozeduren sowohl Zeit als auch Geduld.

ITALIAN MACARONI
PRODUCT OF NAPLES
ITALY

CACAO CRIOLLO
Ocumare 67

duren sowohl Zeit als auch Geduld. Außerdem gibt es Dinge, die man aus meiner Sicht zumindest im häuslichen Kontext lieber den Experten überlässt (und vielleicht hypermotivierten Wochenend-Hobbyköchen, aber da sind die Ergebnisse erfahrungsgemäß eher gemischter Natur). Trotzdem muss das nicht gleich Restaurantbesuch, Pizzaservice oder Fertigsuppe bedeuten – obgleich alle drei in bestimmten Situationen durchaus ihre Berechtigung haben!

Nehmen wir zum Beispiel die Nudeln: Wieso sollte ich meine komplette Küche inklusive meiner selbst mit einer Mehlschicht überziehen und mich mit Teig, Nudelholz und Ausrollmaschine abplagen, wenn in Italien Menschen mit Spitzen-Hartweizengrieß und Jahrhunderten an Erfahrung Pasta machen, die ich nur noch im richtigen Moment aus dem kochenden Wasser fischen muss? Für Ravioli, Tortellini oder Maultaschen, die frisch gemacht zweifellos am besten schmecken, gibt es bei uns auf dem Markt einen Stand, der mir die Arbeit abnimmt. Blätterteig selber zu machen ist eine ähnliche Aktion. Die lässt sich allerdings leider nicht ganz so einfach delegieren, weil die allermeisten Hersteller zumindest in Deutschland keine Butter dafür verwenden, sondern gehärtetes Fett oder Margarine, die sich leichter verarbeiten lassen. Geschmacklich ist das Ergebnis aber Welten entfernt, und wenn ich gelegentlich auf fertigen Butterblätterteig stoße, dann wandert sofort ein Vorrat in meinen Tiefkühler. Auch andere fertige, auf Eis gelegte Teigsorten können einem viel Stress ersparen. Ich habe außerdem nicht das geringste Problem damit, Brot und Butter auf Vorrat einzufrieren – sicher, wenn man ganz genau hinschmeckt, lässt sich ein gewisser Unterschied feststellen, aber lieber ein Spitzenbrot von meinem Lieblingsbäcker einmal zu kaltem Schlaf gebettet und wieder wach geküsst als ofenwarme Pseudoqualität von um die Ecke!

Ich habe bereits erwähnt, dass ich gute Schältomaten aus der Dose grundsätzlich vorziehe, wenn die Alternative aus faden rotgefärbten Wasserbällen besteht. Wenn ich es sehr eilig habe, dann darf es auch gewürfeltes Tomatenfleisch sein, in Öl eingelegte getrocknete Tomaten, Pesto aus dem Glas, Thunfisch aus der Dose – und warum sollte nicht jemand anders für mich dicke weiße Bohnen, Kichererbsen oder Linsen bereits vorkochen? Ich spüle den Fond, der unter Umständen ein bisschen nach „Büchse" schmeckt, kurz ab und ersetze ihn durch Olivenöl, in Butter angeschwitzte Zwiebelwürfel oder ein Salatdressing. Desgleichen bin ich glücklich, dass zu uns auf den Markt seit einiger Zeit ein supernettes, augenscheinlich immer gut gelauntes Ehepaar türkischer Abstammung kommt, die außer Feta und Fladenbrot eine bunte Vielfalt an selbstgemachten, frischen Aufstrichen und Salaten anbieten. Neben den Klassikern Tsatsiki und Tarama Salata mit Fischrogen gibt es da Kichererbsen-, Linsen- und Bulgursalat, Avocadocreme mit Feta, Rote Beetecreme mit Joghurt, Sultans Hochzeitscreme mit Spinat, gebratene Gemüse in Joghurt ... Zumindest im Sommer ist das fürs Abendessen schon die halbe Miete: zu kaltem oder warmem Roastbeef und gegrilltem Gemüse, aufgepeppt mit frischem Salat und Tomaten, als Dip zu Rohkost oder Brot – wunderbar und wie selbst gerührt.

Es gibt in „seriösen" Feinschmeckerkreisen die Tendenz, „Convenience-Produkte" oder Konserviertes für eine moderne, nicht-authentische, suspekte Erscheinung zu halten. Dabei hat sich die Menschheit seit der Steinzeit überhaupt nur weiterentwickelt, weil sie allmählich nicht mehr von der Hand in den Mund lebte, sondern einerseits Konservierungsmethoden und andererseits das Prinzip der Arbeitsteilung und Spezialisierung ersann. Die von uns so geschätzte thailändische Küche setzt sich im praktischen Alltag aus vielen einzelnen solchen Spezialisten zusammen, die ihre Gerichte an Ständen am Straßenrand anbieten und für viele Thais selbstverständlicher Zwischenstopp auf dem Weg von der Arbeit nach Hause sind – keineswegs immer zum sofortigen Verzehr vor Ort, sondern zum Mitnehmen nach Hause, jedes Familienmitglied bringt etwas anderes mit. Wertvolle Bereicherung einer Haushaltsküche in Rom ist der Kontakt zu einer Marktfrau, die das Gemüse für Minestrone oder etwa Artischocken bereits vorputzt und zerkleinert. Es ist ein toller Service, ich wünschte, mein Gemüsehändler würde ihn bieten! Aber jeder muss natürlich selbst entscheiden, bis zu welchem Grad er die Dinge selber unter Kontrolle haben möchte – ob er zum Beispiel der Marktfrau unter hygienischen Gesichtspunkten vertraut.

Ich will hier keineswegs grundsätzlich für Vorgekochtes, Halbfertigprodukte oder gar Tiefkühlkost plädieren. Dafür widerstrebt mir viel zu viel, was damit eng verbunden ist: die Undurchsichtigkeit der Herkunft, gewisse Methoden zur Haltbarmachung, Zusätze an Aromen, Farb- und Konservierungsstoffen oder auch die Berge an Verpackungsmaterial. Aber wir fahren auch nicht mehr mit der Pferdekutsche, und wenn man mit gelegentlichen kleinen Kompromissen seinen küchentechnischen Alltag besser am Laufen hält, finde ich das vollkommen in Ordnung, sozusagen Teil der kulinarischen Selbstbestimmung. „Convenience" bedeutet wörtlich übersetzt Annehmlichkeit, Komfort, und das muss nicht zwangsläufig mit industrieller Fertigung verbunden sein. Lasst die Spezialisten doch machen: Der Fleischer hat die Kohlrouladen für mich schon fertig gewickelt, und er hat Roastbeef rosa gebraten, das ich mit einem Löffel Senf und ein paar Essig-Gürkchen nur noch auf den Teller packen muss. Die Suppenbar um die Ecke füllt auch fertig Gekochtes zum Mitnehmen in Becher. Der Bäcker hat nicht nur Brot – ultimatives Convenience-Produkt! –, sondern vielleicht einen Tortenboden oder gar eine Quiche gebacken, die ich nur noch kurz im Ofen zu erwärmen brauche.

Ein Punkt ist für mich bei alldem allerdings essenziell: Je weniger Zeit ist, desto einfacher darf und soll sich der kulinarische Part gestalten, aber desto wichtiger ist auch die Qualität! Billige TK-Pizza und Ähnliches ist einfach scheußlich, ob mit oder ohne Zeitmangel und Stress. Ein Stück guter Käse mit einem Brot von einem richtigen Bäcker kann in Verbindung mit einer Flasche Rotwein gehobener Art hingegen ebenso beglückend sein – ob mit und für Gäste oder ganz allein – wie ein mehrgängiges Menü in einem Spitzenrestaurant. Dann noch ein Stück beste Schokolade als Dessert – und sich nie wieder bis auf die blanken Nerven stressen, weil man meint, man müsse partout gewissen Erwartungen, Normen, Regeln genügen!

Je weniger Zeit ist, desto einfacher darf und soll sich der kulinarische Part gestalten, aber desto wichtiger ist auch die Qualität!

Eine Katastrophe ist keine Katastrophe – Analyse und Rettungsmaßnahmen

Die Salatblätter warten schon geputzt, gewaschen und geschleudert in der Schüssel, die roten Paprikastreifen duften vielversprechend unter dem Grill, in der Pfanne brutzeln Speckstreifen leise vor sich hin, zu denen gleich noch eine Handvoll Petersilienblätter kommen wird. Doch erst das Dressing. Mein Mann, der hausinterne Spezialist auf diesem Gebiet, hängt am Telefon fest, aber ich habe Hunger, also legt frau selbst Hand an. Da ist dieser Balsamico-Senf, den mir Freunde neulich aus der Südsteiermark mitgebracht haben, einen kleinen Schuss Sherryessig dazu, Salz, ein paar Pfefferkörner im Mörser zerdrückt, alles mit der Gabel verrührt und dann Kürbiskernöl darunter, das passt thematisch zum Senf und geschmacklich zu den Avocadowürfeln, die ebenfalls in den Salat sollen. So, das sieht okay aus. Ich lecke die Gabel ab – und bin selbst von dieser Mini-Kostprobe schockiert. Ich mag sauer, aber das ist wirklich grässlich! Soviel Sherryessig war das doch gar nicht ... ich probiere den Senf: klar, hätte ich mir gleich denken können, Balsamico, bräuchte wahrscheinlich gar keinen zusätzlichen Essig ... wenn ich auch nur einmal selbst das Dressing mache ... ich merke, wie ich jetzt nicht nur hungrig, sondern auch richtig genervt bin: das ganze Spitzen-Kürbiskernöl für die Katz!

Da kommt mein Mann in die Küche, zweifellos hat er die in mir aufsteigende schlechte Laune bis an den Schreibtisch und ins Telefon gespürt: was denn los sei? Ich deute nur wortlos auf die weiße Schüssel mit dem dunkelbraungrünen, sauren Inhalt. Er probiert einen Löffel voll und verzieht das Gesicht, protestiert aber sofort, als ich Anstalten mache, den Grund des Ärgernisses kurzerhand zu entsorgen und von vorne anzufangen. Stattdessen greift er zur Olivenölflasche, und dieses „Verdünnen" des Säurekonzentrats hilft natürlich. Salz und Pfeffer noch anpassen, und Salatsauce, Stimmung, der ganze Abend ist gerettet. Dass wir jetzt genug Dressing für zweimal Salat haben, stört ja nicht wirklich.

Warum bin ich nicht selbst auf diese so einfache Lösung des Problems gekommen? Weil ich eine grässliche Perfektionistin bin und schon als Kind nicht gut im Verlieren war. Weil ich die Tendenz habe, in leichte Panik zu geraten, wenn etwas nicht nach meiner Vorstellung läuft. Und was bedeutet Panik? Die alten Griechen glaubten anscheinend, Menschen gerieten besonders in größeren Ansammlungen durch das unvermutete Auftauchen des Wald- und Hirtengottes Pan in Angst und Schrecken und reagierten dann vollkommen unkontrolliert. Ich habe keine Ahnung, ob Pan mit seiner Flöte irgendwo in meiner Küche sitzt, wenn ich das Gefühl habe, mir sei irreparabel die Kontrolle entglitten. Aber ich weiß, dass meine ehemalige Italienisch-Lehrerin die richtige Antwort auf übereilte Aufregung hatte. Sie entgegnete auf solche Anfälle von Kleinmut und Verzweiflung stets: „Niente panico!" Keine Panik, dieser Grundsatz gilt auch in der Küche.

„Niente panico!" Keine Panik, dieser Grundsatz gilt auch in der Küche.

Niente panico also, sondern bei vermeintlichen Katastrophen erst einmal in Ruhe hinsetzen, einen Schluck Tee, Wein oder Wasser trinken und den von Pan oder wem auch immer verwirrten Verstand zwecks Analyse wieder an die Geschmacksnerven ankoppeln. Was ist wirklich das Problem, abgesehen davon, dass ich mir das Ergebnis vielleicht einfach ganz anders vorgestellt habe? Denn außer bei echten Missgriffen wie dem oben geschilderten, die nach praktischen Gegenmaßnahmen irgendeiner Art verlangen, hat die latente Unzufriedenheit, die viele in der Küche überfällt, wenn sich Inhalt von Topf und Pfanne dem Finalzustand nähern, ihren Ursprung in uns selbst. Langweilig bis vollkommen abwegig oder misslungen ist etwas meistens nur in unseren eigenen Augen. Selbstzweifel und

Selbstzweifel und Bescheidenheit mögen hehre Tugenden sein, aber zu viel ist zu viel! Wer auch immer sich mit an den Tisch setzen wird, sieht das garantiert ganz anders, weil er oder sie nicht die tausend „Hätte-könnte-sollte-vielleicht-wenn-und-aber"-Vorbehalte des Küchen-Aktiven im Kopf hat, sondern das Servierte als abgeschlossene Version akzeptiert.

Olio
Vergine
di Oliva
MOISTURIS
SUN LOT
THAI GLUTINOUS
Südsteirischer
Balsamico
Senf
Felix Weinstock

Bescheidenheit mögen hehre Tugenden sein, aber zu viel ist zu viel! Wer auch immer sich mit an den Tisch setzen wird, sieht das garantiert ganz anders, weil er oder sie nicht die tausend „Hätte-könnte-sollte-vielleicht-wenn-und-aber“-Vorbehalte des Küchen-Aktiven im Kopf hat, sondern das Servierte als abgeschlossene Version akzeptiert. Es hilft, übermäßig perfektionistische Ansprüche radikal in den inneren Mülleimer zu expedieren und sich vom Bild des genialen Kochs zu trennen, der bei einer leichten Abweichung vom Ideal die ganze Pfanne in die Ecke schleudert und von vorne beginnt – so etwas ist lächerlich theatralisch und gehört nach Hollywood!

Ja, aber ... wenn es nun wirklich nach nichts schmeckt? Darauf ließe sich als Erstes entgegnen, dass man besonders in gestresstem Zustand schlichtweg „geschmackstaub“ ist, weil dann die Verbindung zwischen Sinneseindrücken und gespeicherten Geschmackserinnerungen beziehungsweise -referenzen mächtig gestört ist. Ganz praktisch und pragmatisch greife ich allerdings in solchen Fällen zu Salz, Zitrone und Chili, so wie ich an manchen Tagen die Musik lauter aufdrehe als an anderen.

Im entgegengesetzten Fall die Lautstärke herunterzufahren verlangt ein bisschen mehr Überlegung, gelingt aber allermeistens auch irgendwie, wenn man ganz nüchtern darüber nachdenkt, statt Panik zu schieben. Zuviel Salz erfordert gleichermaßen eine „Geschmacksverdünnung“ wie das Übermaß an Säure in meinem Dressing. Wenn man nicht unbedingt darauf aus ist, am Schluss doppelt so viel wie ursprünglich geplant in Topf oder Schüssel zu haben, dann sollte man nur einen Teil durch den Zusatz von Salzneutralem „retten“. Die vielzitierten Kartoffeln in der versalzenen Suppe sind ein guter Ansatz, auch Sahne kann helfen, vielleicht eine Dose Schältomaten und/oder mehr Gemüse und ein guter Schuss Wasser für alles Geschmorte und Suppige. Bei gebratenem Fleisch lässt sich die Salzmenge durch schnelles, beherztes Abwaschen mit kaltem Wasser oder Abreiben mit Küchenpapier reduzieren. Wenn man danach in etwas – ungesalzener – Butter kurz nachbrät, ist alles wieder im Lot! Alternativ disponiert man ganz um und schneidet die geplanten, aber liebestoll mit

Salzkristallen überschütteten Steaks in feine Streifen zu einer Art Geschnetzeltem in Sauce, die das Salz „aufsaugt“, oder kombiniert mit schnell gebratenen Gemüsen und Zwiebelstreifen.

Bei zuviel Säure hilft die oben demonstrierte Entschärfung mit Fetthaltigem, während das Kontern mit Süße eher einen aufdringlich dropsigen, süßsauren Effekt hat. Andersherum kann aber ein Schuss Säure bei aufdringlich wirkender bis klebriger Süße für den entscheidenden Kontrapunkt sorgen. Wenn einen hingegen die Schärfe deutlich überfordert, muss wieder im übertragenen Sinne „verdünnt“ werden. Die einfachste Methode besteht darin, eine große Schüssel Reis oder Kartoffeln zu kochen und als Dämpfer dazu zu servieren. Ebenso erprobt helfen Joghurt, Sahne, Kokosmilch – ob separat oder untergemischt –, weil sie wie eine gute Sonnencreme vor übermäßigen Verbrennungen schützen.

Stichwort Verbrennungen: Ich mag zwar ziemlich scharf Angebratenes und auch dunkel Getoastetes oder Gegrilltes. Wenn man aber am Telefon vor lauter Klatsch und Tratsch jegliche Stimmen aus der Pfanne oder dem Ofen vollkommen überhört hat, dann ist schwarz einfach schwarz, nämlich verbrannt, somit bitter und zu entsorgen. Bei größeren Stücken lässt sich abkratzen, abschneiden, abheben und vielleicht eine neue Hülle oder Kruste mit Hilfe von Käse, Eigelb, Sahne, Kräutern, Semmelbröseln und/oder Butter basteln. Aber verbrannte Zucchinischeiben etwa, die gegrillt den Salat bereichern sollten, sind dann meist nur noch Holzkohle, was heißt: weg damit und nach Alternativen suchen! Angebrannte Suppen und Ähnliches lassen sich durch sofortiges Umfüllen in einen frischen Topf retten, wenn man jegliches Herumkratzen am Boden tunlichst unterlässt. Geschmacklich helfen anschließend Booster wie frische Kräuter, angeschwitzte Zwiebelwürfel oder ein paar Spritzer Zitrone, eventuelle strenge Noten zu übertönen.

Wenn man aber am Telefon vor lauter Klatsch und Tratsch jegliche Stimmen aus der Pfanne oder dem Ofen vollkommen überhört hat, dann ist schwarz einfach schwarz, nämlich verbrannt, somit bitter und zu entsorgen.

Was kann noch schiefgehen? Das Telefon kann auch dazwischenkommen, wenn Gemüse kocht, und kocht, und kocht … bis jeglicher Anspruch auf Knackigkeit einfach nur noch lächerlich erscheint. Dann heißt es aus der Not eine Tugend zu machen und alles, was sich auch nur entfernt dazu eignet, vollends zu pürieren und vielleicht mit etwas improvisiertem Knackig-Knusprigen wie frischen roten Paprikawürfeln oder gerösteten Nüssen aufzupeppen. Bei grünen Bohnen etwa würde ich allerdings vom Pürieren eher abraten, da hilft vielleicht eher der Gedanke daran, dass die Generation unserer Großmütter vollkommen glücklich war mit richtig weichgekochten Bohnen – meine hat sie wie gesagt mit (knusprigen!) Semmelbröseln und brauner Butter angerichtet.

Und wenn ganz im Gegenteil das Fleisch zäh und das Gemüse hart ist? Um realistisch zu sein: manches Stück Fleisch ist und bleibt einfach fest und trocken, weil das liebe Vieh erstens viel zu mager gezüchtet war, zweitens im Lebendzustand kein besonders glückliches und drittens wahrscheinlich beim Sterben hochgradig gestresst und deshalb verständlicherweise nicht gerade entspannt. Da hilft nur Zähne zusammenbeißen und durch – und beim nächsten Mal die Fleischquelle wechseln. Aus eigener Erfahrung gebe ich jedoch zu bedenken, dass man sich als Schmor-Unerfahrener gern verunsichern lässt und die Zeit unterschätzt, die die Feuchtigkeit braucht, um gummifeste Sehnen und Fasern zu lockern und aufzuquellen – Geduld! Bei holzigem Gemüse hilft die allerdings auch nicht, das bleibt sowohl bei freundlicher Zurede als auch strenger Verwarnung unerfreulich.

Wie gesagt, am meisten macht man sich selbst viel zu viel Stress, und andere merken entweder gar nichts von der vermeintlichen Katastrophe oder gehen mit einem Schulterzucken darüber hinweg. Nobody is perfect.

Wie gesagt, am meisten macht man sich selbst viel zu viel Stress, und andere merken entweder gar nichts von der vermeintlichen Katastrophe oder gehen mit einem Schulterzucken darüber hinweg. Nobody is perfect – soll ich mir etwa den Abend davon verderben lassen, dass Panade und Fisch partout kein sich innig umschlingendes Paar bleiben wollen in der Pfanne? Dann eben nicht, sie werden schon ihre Gründe haben, und die „Panade“ wird separat auf den Fisch gelöffelt! Neulich habe ich Strudelteig mit Vollkorn- statt „normalem“ Mehl gemacht, ohne im geringsten darüber nachzudenken, dass diese an sich minimale Veränderung das Ergebnis beeinflussen könnte. Durch den höheren Anteil an Außenschichten der Körner ist aber der Kleberanteil aus dem Korninneren, der den Teig elastisch macht, im Vollkornmehl niedriger. Das ließe sich wahrscheinlich ausgleichen, indem man das Wasser durch ein Ei ersetzt – im Nachhinein ganz logisch, aber in jenem Moment habe mich natürlich erst mal geärgert, weil der Strudel alles andere als perfekt aussah; es waren eher Petersilienwurzelschnitze mit Teigfetzen überbacken. Unvoreingenommen betrachtet brauchte das Kind aber nur einen entsprechend kreativen Namen, um als etwas ganz Eigenes wahrgenommen zu werden, denn geschmeckt hat es bestens.

In manchen Fällen, besonders wenn Zeit und/oder begrenzte Ressourcen eine entscheidende Rolle spielen, helfen allerdings tatsächlich weder Einfallsreichtum noch Gelassenheit, sondern eher Schleudersitz und Reißleine. Das können – wenn man denn überhaupt noch Lust und Nerven hat, am Herd auszuharren – die guten alten Nudeln mit Pesto sein, das kann ein Anruf beim Pizzaservice, oder auch ganz radikal das Lieblingslokal um die Ecke sein. So ist das Leben, manchmal hat das Fahrrad eben einen Platten oder der Schaltzug reißt – das ist keine persönliche Schande, sondern kann jedem passieren und wird durch langes Herumdoktern oder Lamentieren nicht besser.

In manchen Fällen, besonders wenn Zeit und/oder begrenzte Ressourcen eine entscheidende Rolle spielen, helfen aber tatsächlich weder Einfallsreichtum noch Gelassenheit, sondern eher Schleudersitz und Reißleine.

Aus dem Topf auf den Teller – der eigene Esstisch ist kein Fernsehstudio

Jeweils fünf rote und gelbe Paprikarauten abwechselnd kreisförmig am Rand der Teller entlang anordnen, vom Auberginenmus auf jeden Teller drei kleine Nocken in die untere rechte Ecke dieses Kreises setzen, die Lammrückenfilets schräg in Scheiben von einem halben Zentimeter schneiden und fächerförmig gegenüber den Nocken anordnen. In die Mitte jedes Tellers mit den Fingerspitzen vorsichtig ein kleines Häufchen fritierte Zucchinistreifen platzieren, über das Fleisch jeweils einen Esslöffel des Basilikumjus träufeln und drei Tomatenwürfelchen darüber streuen. Sofort servieren.

Wunderbar. Ich weiß, das Auge isst mit, und in Profiküchen mit mindestens drei Paar Händen um jeden Teller mag diese Art von Ikebana auch praktikabel sein. Wenn ich solche Anweisungen jedoch in einem Kochbuch lese, das der breiteren Öffentlichkeit zugedacht ist, dann ist dies für mich der Höhepunkt der zwanghaften Imitationsdiktatur. Es erinnert mich an gewisse Ratgeberseiten in Frauenzeitschriften, wo vom speziellen Knoten des Halstuchs über die Art, die Handtasche zu schultern, bis zum letzten Haarclip genaue Beispiele für ein „gelungenes" Outfit dargestellt werden. Nur so und nicht anders ist es „richtig" …

Ich glaube, dass detailgenaues Kopieren zu Einfallslosigkeit führt und jedwede Individualität im Keim erstickt, sei es nun am Herd oder vor dem Kleiderschrank. Aber das exakt festgelegte Anrichten ist natürlich in einem Kochbuch mit sekundengenauen Garzeiten und abgezählten Salzkörnern nur ein logisches Finale. Obgleich es noch einen Schritt weitergehen kann: Wenn einem etwa in Avantgarde-Restaurants vom Ser-

Ich glaube, dass detailgenaues Kopieren zu Einfallslosigkeit führt und jedwede Individualität im Keim erstickt, sei es nun am Herd oder vor dem Kleiderschrank.

vicepersonal genauestens erklärt wird, wie man etwas zu essen habe, in welcher Reihenfolge und Kombination.

Es ist die ultimative Einflussnahme des Kochenden auf seine Werke buchstäblich bis zu ihrer Vernichtung und vielleicht der letzte Akt in der langen Wandlung der Präsentation der Star-Küchen-Kreationen seit dem Mittelalter. Wenn uns die Unmengen an unterschiedlichen Gerichten alter Menükarten heute so beeindrucken – ein vom Starkoch Carême anlässlich des Besuchs des Großherzogs Nikolaus von Russland 1817 in England kreiertes Menü umfasste über 100 verschiedene „Schüsseln" –, dann vergessen wir, dass damals in gehobenen Kreisen der Service „à la française" üblich war. Das bedeutete, dass diese Schüsseln mit ihrem unterschiedlichen Inhalt in zwei bis drei „Gängen" auf der gesamten Länge des Tisches verteilt waren. Das hieß einerseits, dass ihr Inhalt beim Verzehr allenfalls lauwarm war, und andererseits jeder nur das essen konnte, was in seiner Reichweite platziert war. Die Verteilung war vom Zeremonienmeister genauestens ausgeklügelt, an der Spitze der Tafel beim Potentaten stand das Allerfeinste, ganz unten beim Fußvolk jedoch deutlich Einfacheres. Große Vögel und Braten wurden erst als ganze zur Schau gestellt und dann vom „Trancheur" kunstvoll vor den Gästen zerlegt.

Ab Mitte des 19. Jahrhunderts ging es allmählich demokratischer zu, die hochherrschaftlichen Häuser wechselten zum Service „à la russe" – die einzelnen Gerichte wurden nun nacheinander, also in Gängen, wie wir sie kennen, vom Servicepersonal jedem am Tisch zur Selbstbedienung präsentiert. Ich habe keine Ahnung, warum dieser Wandel von Russland ausging, weiß aber aus eigener Erfahrung, dass diese Form nach wie vor praktiziert wird. Bei Essenseinladungen in Botschaften oder den Gästehäusern der großen Champagnerfirmen habe ich erlebt, wie man als Gast in der Lage sein muss, sich von den weiß behandschuht dargebotenen Platten selbst vorzulegen und dabei das gebotene Maß nicht zu überschreiten. Auch das Tranchieren am Tisch hat sich in manchen Kreisen lange und hartnäckig gehalten. Im Gegensatz zum französischen Service hat die Küche bei dieser Form trotzdem wesentlich besser unter Kontrolle, was die Gäste essen, und kann einigermaßen sicherstellen, dass es die richtige Temperatur haben wird.

In den modernen Restaurants trachten die Köche seit der Nouvelle Cuisine jedoch nach noch mehr Einfluss: Sie arrangieren und dekorieren nicht mehr auf großen Platten, sondern richten jeden einzelnen Teller genau nach ihren Vorstellungen an, hier drei Böhnchen, dort einen Klacks roter Sauce, daneben ein Löffelchen gelbe Sauce. Das Ganze wird dann mit einer Haube versehen als vollendetes Kunstwerk vor den Gast gesetzt: „Voilà!" Die Theatralik, mit der das Lüften der „Cloches" in manchen Häusern geschieht, die unfreiwillige Komik, mit der die Gerichte annonciert werden, sind vielleicht ein letzter verzweifelter Versuch der Kellner, an die einstige Bedeutung des Zeremonienmeisters anzuknüpfen.

Doch Historisches beiseite, mein Esstisch ist weder ein Restaurant, noch bin ich – glücklicherweise! – ein Starkoch mit einer ganzen Brigade. Hier geht es nicht ums Teamfahren bei der Tour de France, sondern das Fortbewegen im Alltag, von A nach B mit gelegentlichen Ausflügen. Zu der Zeit, als es in meinem Leben mittags grundsätzlich etwas Warmes und abends bis auf wenige Ausnahmen kaltes „Abendbrot" gab, als ich als Kind mein Lebensquantum an Salzkartoffeln abgegessen habe, ohne die ein warmes Gericht einfach undenkbar war – damals kam alles ohne jede Zeremonie in Schüsseln und auf Platten auf den Tisch. Kartoffel- und Gemüseschüssel, Fleischplatte und Sauciere gehörten selbstverständlich zu einem Porzellanservice, und in vielen Haushalten mag dies auch heute noch so sein. Bei uns wurde nicht angerichtet, sondern jeder tat sich selbst auf. Das hatte seine Vorteile, man konnte über Mengen und Gewichtung auf dem eigenen Teller entscheiden – obgleich Kartoffeln ein Muss und mehr als ein Kotelett pro Esser einfach nicht vorgesehen waren. Aber es hatte auch Nachteile, neben einem Stapel schmutziger Schüsseln und Platten vor allem einen beträchtlichen Wärmeverlust

Mein Esstisch ist weder ein Restaurant, noch bin ich – glücklicherweise! – ein Starkoch mit einer ganzen Brigade. Hier geht es nicht ums Teamfahren bei der Tour de France, sondern das Fortbewegen im Alltag, von A nach B mit gelegentlichen Ausflügen.

zwischen Topf und tatsächlichem Konsum; weshalb denn auch an normalen Wochentagen, wenn mein Vater mittags nicht da war, meine Mutter oft aus der Küche rief: „Ich tu uns gleich hier auf – wie viel Kartoffeln möchtet ihr?“

Ich finde es heute an sich eine schöne Vorstellung, eine große Schüssel Salat herumgehen zu lassen, einen Auflauf direkt aus dem Ofen oder einen dampfenden Topf Suppe in die Mitte zu stellen – „Guten Appetit, langt zu!“ und alle um den Tisch Versammelten sind glücklich … wenn ich ehrlich bin, ist es aber eher eine Idee, eine Fantasie, die uns in der wunderbaren Idealwelt von Filmen, Zeitschriften und Romanen vorgegaukelt wird. In der Wirklichkeit stehen Kerzen und Gläser im Weg, leidet die Tischdecke, weiß der eine nicht, wie er dem Auflauf zuleibe rücken soll, und verbrennt sich der andere die Finger am heißen Topf. Am Schluss übernimmt dann meist doch einer das Kommando beziehungsweise den Schöpflöffel und lässt sich einen Teller nach dem anderen anreichen. Warum also nicht gleich das Ganze vereinfachen und unter technisch wesentlich günstigeren Bedingungen neben dem Herd zu Teller bringen?! Besonders bei mehr als zwei Komponenten erhöht das die Chancen auf ein wirklich warmes Essen ganz beträchtlich.

Stichwort warm: Als viel entscheidenderen Beitrag fürs allgemeine Wohlbefinden rund um den Tisch betrachte ich das Vorwärmen der Teller. Es reduziert den Stressfaktor ungemein, der diesem Moment innewohnt, weil man so ein bisschen Zeit gewinnt im Wettstreit mit der entfleuchenden Hitze. Ohne ins Ikebana zu verfallen, gibt es dabei natürlich unterschiedlichste Anordnungsmöglichkeiten der einzelnen Komponenten: nebeneinander oder über- und untereinander, breitflächig oder möglichst konzentriert, Sauce über alles oder nur in einer Ecke – und wer einen Kräuterzweig dekorativ findet, warum nicht? Aber vor allem: entspannt! Der Geschmack ist wichtiger als das Aussehen, denn letztendlich ist der eigene Esstisch kein Fernsehstudio.

Genug gelesen –
JETZT LOS

BOROUGH MARKE

Kaufrausch auf dem Farmers' Market in San Francisco

Wie üblich im Sommer in San Francisco ist es ziemlich grau und kühl, als wir von unserem Hotel hinunter zum Wasser joggen. Im Business District ist es samstagmorgens ruhig, aber als wir uns dem Ferry Building nähern, kommen uns immer mehr Leute mit voll beladenen Einkaufswägelchen, Körben, Tüten, Taschen entgegen: Heute ist Farmers' Market! Seit ich den bei meiner ersten Kalifornienreise beinahe zufällig erlebt habe, muss einfach bei jedem Besuch in San Francisco ein Samstagvormittag dabei sein. Nichts gegen den Viktualienmarkt in München oder den Markt rund ums Freiburger Münster, beide sind in deutschen Landen schwer zu toppen, und auch den Borough Market in London finde ich äußerst inspirierend – doch nirgendwo hat mich je ein derartiger Kaufrausch überfallen wie hier inmitten der weit über hundert Stände in San Francisco. Um sich dem so richtig hingeben zu können, muss die Reiseplanung jedoch noch ausgefeilter sein: nach dem Duschen und Packen werden wir nachher nicht wie beim ersten Mal einfach nach Hause fliegen, sondern mit unseren Schätzen weiter zu Freunden nach Monterey fahren. Sie stellen mir ihre Küche bereitwillig zur Verfügung, und das gemeinsame abendliche Festmahl hat sich zu einem wunderbar entspannten Höhepunkt unserer leider viel zu seltenen Besuche entwickelt.

Also auf ins Gewühl, einem bunten Gemisch von Schaulustigen, Hungrigen und Einkaufswütigen. Die Küchenchefs und Restaurantbesitzer, die den direkten Kontakt zu den lokalen Produzenten und die Superqualität und -frische hier ebenso schätzen wie alle normalen „Foodies", sind schon längst wieder weg. Sonst hätten wir vielleicht Charles Phan getroffen vom Slanted Door, dem schicken vietnamesischen Restaurant an einem Ende des Ferry Buildings, wo wir gestern abend in so inspirierenden Köstlichkeiten wie *Manila Clams with Thai basil, crispy pork belly and fresh chillies* und *Cellophane noodles with fresh Dungeness crab meat* geschwelgt haben.

Gleich an einem der ersten Stände steht eine Familie hinter einem Riesenhaufen von Paprikaschoten, die das absolute Gegenteil der standardisierten, wasserprallen EG-Norm darstellen. Da gibt es alle Schattierungen und Mischungen von grün, orange, weiß, gelb, rot, orange, violett, alle Formen zwischen spitz, lang, rund, platt, knubbelig und glatt, keine einzige ist wie die andere, und zwischendrin tummeln sich noch ein paar ebenso individuelle Auberginen. Als ich mir eine Tüte voll zusammensuche, geht es mir wie beim Kieselsammeln am Strand: Eine ist immer noch schöner und interessanter als die andere, und die Entscheidung fällt schwer, wenn das Ergebnis nicht sämtliche halbwegs realistischen Mengenrahmen sprengen soll. Ein paar Stände weiter genau das gleiche „Problem" bei den Tomaten: Berge von *Heirloom Tomatoes.* Das sind alte Sorten, sozusagen „Kulturerbe", wiederum in unterschiedlichsten Formen, Farben und Aromen; von riesigen, fleischigen *Beefsteaks* über grüngestreifte *Zebras* bis hin zu zitronenfrischen gelben *Lemonwonders.* Alle erdenklichen Arten von Kräutern und Salaten gibt es daneben, daran kann ich auch nicht einfach so vorbeigehen. Der freundliche Mensch hinter dem Stand zeigt mir auch essbare Mioga-Ingwerblüten, die ich noch nie gesehen habe – gekauft! Und so geht es weiter, mit vielen Kostproben an Pflaumen, Pfirsichen, Nektarinen … unsere Beutel und Tüten mehren sich rapide.

Inzwischen hat sich die Sonne durch den Nebel gearbeitet. Er brauche jetzt erst mal was zum Frühstück, lässt sich mein Mann vernehmen. Wir suchen uns einen Platz auf einer der Bänke mit Blick auf die Bay Bridge hinter dem Ferry Building, wo auch der andere, noch größere Teil des Marktes liegt. Ich gehe Milchkaffee und dazu beim Acme-Bread-Stand Sourdough-Brötchen mit Rosinen holen – und natürlich noch zwei andere Brote, sie sehen aus wie gemalt und duften einfach so wahnsinnig gut. Dabei komme ich bei Soyoung Scanlan vorbei, die hier ihre handgefertigten Käse verkauft. Ich habe die zierliche Koreanerin vor ein paar Jahren in ihrer Einfrau-Minikäserei Andante Dairy in Santa Rosa besucht. Sie ist nicht nur ein großes Naturtalent, sondern auch qualitätsbesessene Perfektionistin. Die Auswahl, die sie mir diesmal mitgibt, ergänzen wir noch bei den „Cowgirls". Die horten in ihrem Laden im Ferry Building so ziemlich alles, was die florierende Käseszene Kaliforniens und darüber hinaus zu bieten hat – im Kastanienblatt gereifter Schafskäse von Sally Jackson aus Washington State, einem weiteren Einfrau-Betrieb, Humboldt Fog von Cypress Grove, Dry Jack von Vella ... wer meint, in den USA gebe es nur Plastikkäse in Scheiblettenform, der muss das erleben! Der Verlockungen sind damit noch lange nicht genug: ein Stück Lachs aus dem Pazifik, Rindfleisch aus Sonoma, organic und grassfed, jemand mit einem Pickup voller Melonen aus Marin County ... Schließlich zieht mein Mann wie üblich kurzentschlossen die symbolische Notbremse und setzt den Einkäufen ein abruptes, aber durchaus vernünftiges Ende: Viel mehr könne er nun wirklich nicht mehr schleppen, und wir müssen schließlich auch noch ein paar Flaschen Wein für heute Abend erstehen! Schwer beladen laufen wir – an Joggen ist nicht mehr zu denken – über den Embarcadero die Market Street hinauf zurück zum Hotel.

Unsere Freunde Marta und Steve haben in weiser Voraussicht keine Einkäufe fürs Wochenende getätigt. In dem gemütlichen Holzhaus, das Martas Vater in den vierziger Jahren an einen Berghang über der Stadt gebaut hat, duftet es wie immer wunderbar aromatisch nach Kräutern beziehungsweise nach einem bestimmten Kraut, das allerdings auf dem Farmers' Market nicht zu haben ist – jedenfalls nicht offiziell! Es dauert nicht lange, und wir sitzen in der Küche mit dem ersten Wein auf dem Tisch. Steve holt dazu eine Tüte mit wasabi-überzogenen Sojabohnen, die noch wesentlich besser als die Wasabi-Erbsen schmecken, die es zu Hause im Asialaden gibt. Ich sortiere nebenbei unsere Schätze und überlege, was wie zusammenpassen könnte. Der Lachs ist so bestechend frisch, der bleibt einfach roh und braucht wirklich nur ein paar Tropfen Olivenöl und Limette, eine Zwiebel findet sich, ein bisschen Salat darunter, die feingeschnittenen Ingwerblüten darüber, Meersalz, Pfeffermühle, perfekt. Mein Mann ist auch heute Abend wie üblich „Küchensklave" und kann gleich mal die Paprikaschoten putzen, die packen wir zusammen mit dicken Scheiben Tomaten und Auberginen unter den Grill. Eine Pfanne für die Steaks, aus den Kräutern dazu eine Art Pesto gehackt ...

Marta und Steve unterhalten uns mit den neuesten Stories aus der Gegend, die einiges an Stoff bietet: Zu den bedeutenden Gastronomen des Luxusstädtchens Carmel zählt schließlich auch Clint Eastwood, und der Erfolgswinzer und Autodidakt „Wine Space Cowboy" Randall Grahm in Santa Cruz ist immer gut für eine verrückte Überraschung. Es wird ein langer, vollkommen entstresster Abend. Der Farmers' Market demonstriert einmal mehr, welche Produktqualität hier an der Westküste möglich ist, dazu Freundschaft, gute Witze, Musik von alten Platten … dafür gibt es kein Rezept. Gegen Ende schweben wir auf Aroma-Wolken, deren Ursprung beileibe nicht nur Kochtopf und Käse sind.

Heinzelmann hin, Heinzelmann her – „kochen!!!“

Und ich höre sie immer noch, die protestierenden Stimmen … Freunde in London, regelmäßige Reisen nach Kalifornien, dazu das ganze Fahrradfahren – das hat doch mit Kochen wirklich nicht viel zu tun, und mit meinen eigenen Möglichkeiten noch viel weniger! So direkt vielleicht nicht, das mag sein. Aber nur weil auf dem einen Auto ein Stern steckt und auf dem anderen ein japanischer Name klebt, funktionieren sie doch beide nach demselben Grundprinzip. Statt wie ich nach Kalifornien fahren andere vielleicht nach Mallorca und haben Freunde in der Türkei oder in Italien. Meine Heinzelmann-Küche ist nur ein Beispiel.

Und die ganze Geschichte mit dem Fahrradfahren zeigt nur, dass Kochen kein Sonderfall ist, dessen Ausübung wenigen Spezialisten nach langem Üben und unter strenger Anleitung möglich ist. Ganz im Gegenteil – Kochen kann ein höchst vergnügliches Erlebnis sein. Es erfordert nicht einmal die Investition in einen Führerschein, sondern erlaubt einem, mit kleinen, selbst zu bestimmenden Schritten einzusteigen, einfach anzufangen. Meine Freundin Birgit bewegt sich eher unsicher auf dem Küchenparkett, doch neulich hat sie spontan Feta-Schafskäse mit Zwiebeln, Paprikastreifen und provenzalischen Kräutern in Alufolie eingepackt und im Ofen gegart. Als wir die Päckchen öffneten und probierten, sagte sie ganz freudig überrascht: „Das schmeckt ja richtig gut!“ Es war alles andere als ein aufwendiges, kompliziertes Gericht, sondern entsprach genau ihrem selbstgewählten Bewegungsradius in der Küche. Ich konnte spüren, dass es ihrem kulinarischen

Die ganze Geschichte mit dem Fahrradfahren zeigt nur, dass Kochen kein Sonderfall ist, dessen Ausübung wenigen Spezialisten nach langem Üben und unter strenger Anleitung möglich ist. Ganz im Gegenteil – Kochen kann ein höchst vergnügliches Erlebnis sein.

FÜHRERSCHEIN BUNDESREPUB
1. Heinzelmann
2. Ursula
3. 16.03.63
4a. 21.07.05
5. C010AK1UI71
THE ART OF COOKERY
MAGIC of FIRE
A TALE OF 12 KITCHENS
North Atlantic Seafood Alan Davidson
CHEZ PANISSE COOKING
Recipes from the Dairy
Kochlust

Selbstwertgefühl einen kleinen Schub nach vorn gegeben hatte. Ebensolche Erfolgserlebnisse sind beim Kochen möglich, wenn man sich den eigenen Befindlichkeiten gemäß selbst nach vorne tastet, statt sich von fremdbestimmten Vorgaben und Normen beirren und frustieren zu lassen.

Raus aus der Passivität – Action! Es mag spannend sein, die Tour de France im Fernsehen zu verfolgen, aber selbst radeln hat eine ganz andere Qualität, auch ohne die Alpen und Langstreckensprints – und es macht einen mobil. Musik hören ist prima, aber erst selber mitsingen, -pfeifen oder -tanzen bringt einen richtigen Energiestoß. Wenn die Töne oder Bewegungen dabei manchmal ein bisschen schräg geraten – na und? Dafür sind es die eigenen, selbst geschaffenen – das verführerische Versprechen vorgekauter Risikofreiheit und Erfolgsgarantie wird nur im schönen Schein der Werbewelt eingelöst. Mit ein bisschen Übung werden nicht nur die Töne melodischer und die Bewegungen harmonischer, auch das kulinarische Ich gewinnt durch Training an Selbstbewusstsein und Sicherheit. Auf der Basis einfachster Gerichte und Kombinationen entwickelt sich ein eigener Stil, wachsen Gefühl und Bewusstsein für die eigenen Vorlieben und Abneigungen – was mag ich überhaupt, wie mag ich es, was finde ich unmöglich. Es ist ein aktives Auseinandersetzen mit der ess- und trinkbaren Welt, statt dem stillen Akzeptieren vorgefertigter Kompositionen. Denn die „Stimme aus dem Kochtopf“ ist natürlich Teil eines nahezu unendlichen Chores, der schon mit dem morgendlichen Kaffee oder Tee beginnt. Was „höre“, also rieche und schmecke ich da eigentlich wirklich?

Mit der Zeit bekommt man einen immer besseren Überblick über die einzelnen Stimmen dieses Chores, was sie bedeuten und welche Möglichkeiten sie bieten. Man bildet sich eine eigene Meinung über sie, baut eine Beziehung zu ihnen auf, gelangt zu einem eigenen Standpunkt. Und wenn man dann ungefähr weiß, wo man so steht in der kulinarischen Welt, dann gewinnen auch Rezepte einen völlig neuen Wert, weil man sie ganz souverän als Anregung benutzen kann, ohne sich von ihnen in irgendeiner Weise abhängig zu machen. Deshalb: Heinzelmann hin, Heinzelmann her – „kochen!!!“